Feliz do JEITO Certo

Dados Internacionais de Catalogação na Publicação (CIP)
(Câmara Brasileira do Livro, SP, Brasil)

Silva, Elias
Feliz do jeito certo : passos para a felicidade / Pe. Elias Silva ; prefácio do Padre Reginaldo Manzotti. – Petrópolis, RJ : Vozes, 2019.

Bibliografia.
ISBN 978-85-326-6288-0

1. Felicidade – Aspectos religiosos 2. Espiritualidade 3. Padres – Vida religiosa 4. Vida cristã I. Manzotti, Padre Reginaldo. II. Título.

19-29301 CDD-248.4

Índices para catálogo sistemático:
1. Felicidade : Aspectos religiosos : Cristianismo
248.4

Iolanda Rodrigues Biode - Bibliotecária - CRB-8/10014

Feliz do JEITO Certo

PASSOS PARA A FELICIDADE

PADRE Elias Silva

EDITORA VOZES

Petrópolis

© 2019, Editora Vozes Ltda.
Rua Frei Luís, 100
25689-900 Petrópolis, RJ
www.vozes.com.br
Brasil

Diagramação: Sheilandre Desenv. Gráfico
Revisão gráfica: Editora Vozes
Capa: Danilo Inácio Pereira – Sagrado Design
Fotos do autor para capa: César Braga

ISBN 978-85-326-6288-0

Editado conforme o novo acordo ortográfico.

Este livro foi composto e impresso pela Editora Vozes Ltda.

Sumário

DIOCESE DE URUAÇU
Rua Leopoldo de Bulhões, Qd.19, Lt. 05/07, n. 25 – Centro
Caixa Postal 32 – Uruaçu – GO Cep: 76400.000
Fone/Fax (62) 3357-1230
E-mail: dioceseuruacu@hotmail.com
Site: www.diocesedeuruacu.com.br

DOM MESSIAS DOS REIS SILVEIRA

Por mercê de Deus e da Sé Apostólica
Bispo de Uruaçu-GO

APROVAÇÃO DA PUBLICAÇÃO DO LIVRO
FELIZ DO JEITO CERTO! "PASSOS PARA A FELICIDADE"

Considerando o pedido da parte do Reverendíssimo Senhor **Pe. Elias Aparecido da Silva**, sacerdote incardinado nesta diocese, em plena comunhão com a Sé Apostólica, para obter a aprovação para que possa licitamente publicar o livro **Feliz do Jeito Certo! "Passos para a felicidade"**, para ser lido pelos fiéis e, todos os que desejarem, aprofundar neste itinerário para a Felicidade; conforme aos originais protocolados juntos a esta Cúria da Diocese de Uruaçu.

Considerando canonicamente consistentes os motivos apresentados no Pedido;
Visto o teor do c. 827, §§ 2 e 3; e também o teor do c. 830; e ainda o teor do c. 829;
Havendo recebido por escrito, *ad normam* do c. 830, § 2, parecer favorável da parte do censor *ad hoc* Pe. Thiago Alvarino dos Santos, quanto à ortodoxia da doutrina contida no escrito **Feliz do Jeito Certo! "Passos para a felicidade".**

CONCEDO

Ao Reverendíssimo Senhor **Pe. Elias Aparecido da Silva** a aprovação da publicação do escrito **Feliz do Jeito Certo! "Passos para a felicidade"**, exclusivamente na versão contida nos originais entregues e protocolados na Cúria da Diocese de Uruaçu.

Ficam excluídas, *ad normam* c. 829, deste *Imprimatur* eventuais revisões ou modificações do texto original do escrito **Feliz do Jeito Certo! "Passos para a felicidade"**; para uma nova edição é necessária nova apreciação e aprovação.

Notifique-se a quem de direito, publique-se e arquive-se.

Dado e passado em nossa Cúria Diocesana de Uruaçu, aos 09 de julho do ano do Senhor de 2018.

Dom Messias dos Reis Silveira
Bispo Diocesano

Pe. Rogério Alves Gomes
Chanceler

Chancelaria · Cúria Diocesana · Uruaçu · GO

Cúria Diocesana · Uruaçu - GO

Feliz do Jeito Certo!

Passos para a felicidade

Todos nós somos marcados por uma sede belíssima de felicidade. Podemos dizer que nascemos para sermos felizes, mas do jeito certo. O anseio da felicidade marca toda a nossa existência, nossos caminhos e nossas decisões. Dentro de nós existe um anseio por algo maior, definitivo, e que somente descobriremos quando encontrarmos o verdadeiro sentido de nossas vidas.

Quando você tem a coragem de se perguntar: "*Senhor, o que queres que eu faça?*" (At 9,6), e colocar toda a sua vida aos pés de Cristo, começa a transparecer em sua vida algo mais concreto de realização e completude, assumindo que nós fomos criados por Deus e só nele vamos nos encontrar.

Caro amigo! Este é o primeiro passo: assumir que não fui feito para algo pequeno. Quem me fez, sonhou algo grandioso para mim! *(releia isto)*

Você precisa ouvir e assumir as palavras do Papa Francisco: *"Jovem, não tenha medo de sonhar coisas grandes"*, por um motivo muito simples, seu Criador e Redentor o criou para ir além.

Contudo, não basta assumir este essencial e irrenunciável desejo de felicidade; se faz preciso ir em sua direção, caminhar para tal propósito.

Descobrindo e assumindo seu desejo de ser Feliz do Jeito Certo, precisa ir! Mas ir para onde? Estamos aqui em um momento crucial de nossa vida!

Muitas são as vezes que ouço estas perguntas: Padre, como faço para descobrir minha vocação? Quais os passos a seguir? Como faço para ser feliz?

Graças à bondade e misericórdia de Deus, não há uma receita pronta. Deus o ama tanto que não lhe aprisiona no determinismo fechado, mas sim, garante sua liberdade de filho(a) de Deus.

Há, na verdade, passos essenciais para quem se coloca nesse caminho de discernimento da vontade de Deus, querendo descobrir qual o sonho de Deus para si: oração, silêncio, direção espiritual e acima de tudo uma decisão de trilhar os passos que o próprio Senhor sonhou para você.

Ouso, em Deus, apresentar alguns passos que o ajudarão a trilhar esse caminho. Não são os únicos, mas estes o ajudarão. Tenha a coragem de sonhar os sonhos de Deus. Venha comigo e em cada encontro um passo será dado. Está animado? Se não, peça a graça deste Deus que o ama e lhe chama.

Caro amigo... tenha coragem! Ele o chama!

Vamos juntos!

Pe. Elias Aparecido da Silva

Prefácio

Felicidade, o sonho de Deus para a humanidade. E o sonho da humanidade de todos os tempos para uma vida plena. Mas, o que é ser realmente feliz? Depende do conceito de felicidade que cada um tem.

Onde o ser humano está buscando a felicidade?

Muitos colocam a felicidade nos bens materiais, é ter um bom salário, o carro do ano, poder, dinheiro, fama, sucesso. Tudo isso é ilusão, é fascinação. Posso garantir que a felicidade duradoura não está em coisas transitórias, supérfluas e efêmeras.

Assim, confusa em seu individualismo consumista, nossa sociedade contemporânea, apesar de todos os avanços e facilidades, frustra-se na busca da tal felicidade e acaba desistindo ou não vivendo totalmente o que Deus sonhou.

Temos sede de felicidade e temos sede de Deus, e o encontro com Deus é a própria felicidade. Aquele que busca a verdadeira alegria, busca viver na verdade, pois a felicidade provém da verdade. "Minha alma está inquieta, enquanto não repousar em vós", dizia Santo Agostinho.

A felicidade está dentro de nós mesmos, porque em nós Deus habita. Porém, precisamos nos esforçar para atingi-la e, somente com disciplina e atitude a alcançaremos.

Por isso, é com alegria que escrevo o prefácio para este maravilhoso livro do meu irmão no sacerdócio, Padre Elias Silva. Alegro-me pela grande contribuição que ele está dando à Obra Evangelizar com sua frequente participação na grade de conteúdos para a TV. Maior alegria agora com o lançamento deste livro. Obrigado pela contribuição.

Construindo e percorrendo os passos sugeridos por ele, querido leitor, você encontrará o caminho certeiro para a felicidade.

A sensatez de enfoque, o embasamento bíblico e a atenção a detalhes fundamentais, abordados de forma bastante clara, marcam de modo especial esta obra promissora e edificante. Ao contrário, voltar-se para teorias complexas e enigmáticas, mostra em aspecto prático e simples tudo que é necessário aprender e aplicar no nosso cotidiano para Ser Feliz do Jeito Certo.

"O homem que observa atentamente a lei perfeita que traz a liberdade, e persevera na prática dessa lei, não esquecendo o que ouviu, mas praticando-a, será feliz naquilo que fizer" (Tg 1,25).

Pe. Reginaldo Manzotti
Fundador da Obra Evangelizar é Preciso, e
Pároco Reitor do Santuário Nossa Senhora de Guadalupe
(Curitiba/PR)

CAPÍTULO I

É preciso seguir decididamente!

Somos cristãos, seguimos Jesus Cristo!

Ao olharmos para a vida de Jesus encontramos vários momentos em que Ele nos diz claramente que não veio para fazer sua vontade, mas a vontade daquele que o enviou. Diante disso, tomando-o como exemplo, temos uma sã e bela obrigação de seguir aquele Deus, que com seu exemplo nos disse tanto. E diante da missão Ele parte, decididamente em direção a Jerusalém, mesmo sabendo o que o espera naquelas terras. Então, logo no início desta nossa jornada nos coloquemos motivados a continuar caminhando, buscando e trilhando os passos desse Homem e Deus, em busca de nossa felicidade, mas do jeito certo! Venha comigo!

Na Palavra

Nós encontramos em Lucas uma afirmação que precisa fazer com que eu e você tomemos uma decisão, ou talvez nos recoloquemos a caminho, não de qualquer forma, e muito menos sem nos lembrar de quem seguimos.

> *Como estavam para se completar os dias em que seria arrebatado deste mundo, Jesus dirigiu-se resolutamente para Jerusalém e enviou mensageiros na frente. Eles foram e entraram num povoado de samaritanos para lhe preparar pousada. Mas os samaritanos não o quiseram receber, porque era evidente que ia a Jerusalém. Ao ver isso, Tiago e João disseram: "Senhor, queres que mandemos descer fogo do céu para acabar com eles?" Jesus, porém, voltou-se e os repreendeu. E se dirigiram para outro povoado. Seguindo caminho, veio alguém que lhe disse: "Eu te seguirei aonde quer que fores"* (Lc 9,51-57).

Releia o que o evangelista Lucas nos apresenta, destacando os verbos fortes destes versículos, e em seguida se coloque diante da Palavra que o convida a ir além de si mesmo, ainda que, no primeiro momento, tudo isso pareça ser grande demais para você. Reflita!

Jesus toma a firme decisão de ir a Jerusalém, pois sabia que sua missão era maior, e Aquele que o enviara sabia de tudo e estava com Ele. Não é difícil de imaginar que passou por sua cabeça alguns receios, próprios de sua humanidade, mas nunca pensou em fazer diferente, pois abraçara sua missão com decisão e amor.

Questione-se

- Como está sua tomada de decisão por Cristo e seus caminhos?
- Consegue superar seus medos e incertezas?
- Reconhece Aquele que o chamou? Consegue dizer, com palavra e decisão: "Eu o seguirei por onde quer que vá?"

Aconselho responder estas questões por escrito, em seu diário espiritual e com seu diretor espiritual, para que seu caminho rumo à felicidade que Deus sonhou para você se torne cada vez mais real.

O seguimento

Seguimento de Jesus é um grande mistério! Até mesmo falar de vocação "sou chamado", "ser chamado", "aquele que chama" ou "qual é a minha resposta", compreende um mistério, pois vem do próprio Deus, que não se revela plenamente, mas que nos convida sempre, e por isso precisamos decidir-nos.

Experimentamos em nossa sociedade atual a grande dificuldade de decidir, e é triste perceber quantos jovens, tantas famílias que, mesmo sabendo, mesmo ouvindo o que Deus quer, mesmo até participando de alguma pastoral ou movimento, não conseguem verdadeiramente decidir-se. Há, sim, um envolvimento, mas não podemos negar que falta ainda uma adesão. Por mais terrível que seja temos que afirmar que, para muitos cristãos, falta a decisão de seguir Jesus, o que até parece ser um contrassenso.

Será que em nossa comunidade a decisão é algo importante, ou podemos viver na lógica do "mais ou menos", ou do "quase cristão"? Decidir-se por algo definitivo causa pavor, nestes tempos em que tudo é rápido e efêmero demais.

"Jesus tomou a firme decisão" – isso precisa ficar forte para penetrar em nossa mente e em nosso coração nessa nossa primeira conversa. Ele sabia que a cruz o esperava! A cruz – sofrida e bendita cruz! É preciso decidir! Mas não decidir por qualquer coisa, não decidir por algo hoje e amanhã não decidir mais. O segredo, aliás, um dos muitos segredos que vou revelar para você nessas nossas conversas, é algo que trago no meu coração, há muito tempo: para ser feliz do jeito certo é preciso decisão! Não perca tempo! Não se limite a coisas e pessoas que são pequenas demais para lhe preencher.

Meus queridos, mas decidir-se por quê? Na verdade, não é decidir-se por que, mas, é decidir-se por quem? Por Jesus Cristo! Aqui nós encontramos um peculiar diferencial entre alguém que escolhe e decide, pois, mesmo sabendo que a Cruz existe, escolhe Jesus Cristo! Se somos cristãos, o somos porque seguimos Cristo! O ser cristão, o seguir Jesus precisa ser em sua totalidade, não Cristo pela metade. No momento de glória, mas também no momento de cruz, não importa o que nos espera, não importa como vai acontecer, o que importa é que a exemplo de Jesus, porque eu sou cristão e como Ele mesmo desejou para minha felicidade, eu preciso decidir, eu preciso segui-lo.

Você pode estar pensando aí neste momento: *Padre Elias, não é tão fácil, tantas vezes tento, mas me deparo com minhas limitações.* Respondo-lhe: Sei que não é fácil, experimentamos nossas fragilidades, é por isso que precisamos pedir a graça dele para nos fazer fiéis em nossa decisão. Essa precisa ser sua oração constante:

> Dá-me a graça de te seguir, dá-me a graça de não ser iludido, de não ser enganado por falsas propostas, onde aquilo que é supérfluo, aquilo que é muitas vezes descartável, pode correr o risco de assumir uma posição definitiva na minha vida, faz-me, Senhor, fiel a ti.

Passos concretos da felicidade

Em nossas conversas sempre destacarei o agir de Deus na vida de tantos irmãos e irmãs. E isto nos faz bem. Testemunhar Jesus presente na vida de um irmão. Nós somos necessitados de exemplos, isso faz parte da nossa natureza humana. Precisamos de referências, mesmo sabendo que o nosso exemplo único é Jesus Cristo. Leia o testemunho de Dom José Francisco do Rego, Bispo da Diocese de Ipameri-GO e sua caminhada no decidir-se por Cristo:

> "Minha primeira experiência de ouvir falar sobre a vida religiosa e de uma especial consagração foi quando eu tinha uns 16 anos. Na oportunidade, recebemos em casa a visita de um seminarista, que estava em período pastoral na minha cidade, e assim começamos a conversar. E o rapaz, partilhando sua experiência, foi o instrumento pelo qual Deus fez as coisas mudarem por completo na minha vida. E naquela conversa rápida ele me falou a respeito da ordenação diaconal de seus colegas e que eu estava convidado. Eu estava com vontade de sair um pouco de casa por estar de férias e pedi para minha mãe e ela deixou. Só faltava a confirmação com meu pai. Na oportunidade, fiz a experiência de visitar o seminário, e para mim foi tudo

muito bonito e novo, completamente novo e encantador: o lugar, as pessoas, rapazes felizes no seminário. E quando estávamos voltando, o seminarista falou-me sobre a vida de São Francisco de Assis, e esta foi a primeira vez que ouvi falar sobre a vida de um santo. Quando ele concluiu a história perguntou-me: Você não tem vontade de ser padre? Eu levei um grande susto; fiquei com vergonha por ter sido tão bem-recebido. Ele disse que não precisaria responder naquele momento. Poderia pensar e responder depois. Mas a partir daquele momento fiquei muito inquieto com o convite. Enfim, a voz de Deus falou mais forte, e no dia 20 de janeiro de 1984 saí de casa às 20h, entrei no ônibus e ingressei no seminário. De fato, ali foi um momento definitivo, um marco na minha vida separando o antes e o depois. Fui ordenado sacerdote no dia 13 de dezembro de 1992. Eu consigo perceber em todos os momentos da minha história a presença de Deus, das alegrias presentes e a minha entrega também na oração, no serviço à comunidade me entregando por inteiro onde quer que Deus tenha me colocado. Decididamente eu estou lá, eu todo! Para mim há um senso de pertença à Igreja, um senso de pertença àquela comunidade, um senso de pertença a Deus e à família diocesana e, como sacerdote, ministro do altar, eu não esqueço que sou um homem, um cristão que serve à comunidade e ao chamado de Deus e tenho alegria de ser padre há mais de 25 anos, graças a Deus. E agora como bispo, não por merecimento meu, mas por servir ao povo de Deus, continuo seguindo, sendo fiel ao chamado que o próprio Deus me fez, e assim sou Feliz do Jeito Certo".

É preciso que você se coloque de pé e decida, mesmo que venham ventos contrários e turbulências, pois só assim será capaz de superar qualquer momento, pois não estará sozinho. Acredite nisso! É preciso decidir! Seguir Jesus Cristo e decidir-se por Ele! Aí está o diferencial, não apenas dizer que é cristão, dizer que assumiu a missão, mas é preciso aderir decididamente. Diga:

> Senhor, eis-me aqui. Vou te seguir, trilhando meus caminhos e amparado pela tua graça.

Repita para você mesmo:

> Senhor, eis-me aqui. Vou te seguir, trilhando meus caminhos e amparado pela tua graça.

Escreva esta frase oracional e coloque em um lugar bem visível para que você sempre lembre dessa verdade.

Reze comigo

Senhor Jesus, Tu que és misericórdia e amor!

Venho pedir para que, trilhando meu caminho, consiga a graça de decidir-me por ti, mesmo sabendo de minhas limitações e fraquezas.

Faze, Senhor Jesus Cristo, que a cada dia mais eu seja fiel ao chamado que Tu me fizeste, superando as cruzes e desafios que existem em meu caminho.

Confirme no meu coração a decisão de ser totalmente teu.

Peço ainda para que seja ousado em, diante de ti, perguntar: "Senhor, o que queres que eu faça?" E partindo daí eu consiga decididamente sonhar os teus sonhos, desejar o que Tu queres para mim. Coloque no meu coração essa certeza.

Eu vos peço, Senhor, que somente em ti, somente decidindo por ti, eu me satisfaça. E que Maria, minha Mãe e Rainha da minha vocação, interceda por mim, hoje e sempre. Amém.

CAPÍTULO II

Jesus quis precisar de você

Deus criador de tudo, criador do Céu e da Terra, com sua bondade nos fez e misericordiosamente nos teceu com suas próprias mãos. Como pode um Deus onipotente, poderoso querer precisar de homens fracos, limitados e necessitados como nós? Eu o convido a mergulhar neste grande mistério: um Deus que quis precisar de mim e de você, e sem dúvida para que assim cada um de nós fôssemos Felizes do Jeito Certo. Venha comigo!

Na Palavra

Observando as páginas do Evangelho encontramos Jesus passando por muitos lugares e fazendo convites. Por exemplo, olha para a pecadora e faz aquele convite para que ela o siga. Jesus não apenas realiza curas físicas, mas cura a alma daquelas pessoas que, a partir disso não conseguem viver mais do mesmo jeito. Esse é o grande mistério e a beleza de encontrar-se com Jesus Cristo. Imaginemos Jesus, naquele Mar da Galileia... Imaginemos à beira do mar... aqueles pescadores... homens simples, que estavam ali tirando do suor do seu rosto, do seu trabalho o sustento da família. E Jesus se aproxima e revela-se como um Deus que quer contar com os homens. Leia e reflita comigo:

> *E aconteceu que a multidão se comprimia em volta de Jesus para ouvir a Palavra de Deus. Ele estava junto ao lago de Genesaré. Viu dois barcos à beira do lago; os pescadores haviam desembarcado e lavavam as redes. Entrou, então, num dos barcos, que era de Simão, e pediu que se afastasse um pouco da terra. Sentado no barco, ensinava às multidões. Assim que acabou de falar, disse a Simão: "Faze-te ao largo e lançai as redes para a pesca!" Simão disse: "Mestre, estivemos trabalhando a noite toda e nada pescamos, mas sob tua palavra lançarei as redes". Lançadas as redes, apanharam grande quantidade de peixes, tanto que as redes se rompiam. Fizeram sinal aos companheiros do outro barco para virem ajudá-los. Eles vieram e encheram os dois barcos, a ponto de quase irem a pique.*
>
> *À vista disso, Simão Pedro prostrou-se aos pés de Jesus e disse: "Senhor, afasta-te de mim que sou um homem pecador". Pois tanto ele como os companheiros ficaram tomados de espanto com a*

pesca que tinham feito. O mesmo acontecia com Tiago e João, filhos de Zebedeu, sócios de Simão. Mas Jesus disse a Simão: "Não tenhas medo! De agora em diante serás pescador de gente". Atracando em terra os barcos, eles deixaram tudo e o seguiram (Lc 5,1-11).

Passando pelo Mar da Galileia Jesus olha para aqueles homens simples e faz um convite, uma proposta ousada e que humanamente nós não faríamos, mas, Jesus olha para aqueles homens e diz: Não tenhas medo! De agora em diante, serão pescadores de homens.

E para você hoje? Como Jesus o encontra?

Leia novamente o texto bíblico e se coloque no lugar daqueles homens que, depois deste ousado e constrangedor convite, deixaram tudo e o seguiram.

Questione-se

- Você se sente um chamado por Jesus Cristo, apesar de suas limitações?
- Como você se encontra hoje?
- Tem conseguido perceber Jesus que o chama e necessita de você?
- E ainda mais, percebe que Ele não desiste de você e que o chamado de Deus é irrevogável?

Jesus me chama

"Eu desci do céu não para fazer a minha vontade mas a vontade de quem me enviou" (Jo 6,38). Encontramos Jesus afirmando isso na Palavra de Deus. Jesus, enviado pelo Pai, para fazer a sua vontade, para que através dele nós fôssemos curados, restaurados, salvos! Graças à obediência ao Pai, Jesus faz o que precisa ser feito, e ainda mais, passa pelos caminhos convidando para que outras pessoas, a exemplo dele, façam também a vontade do Pai. Jesus passa pelas ruas e estradas de Nazaré, Jerusalém, Mar da Galileia e por tantos outros lugares comuns, encontrando com pessoas comuns, para que abracem também a vontade de seu Pai, que tudo sabe e a todos ama. O convite de Jesus àquelas pessoas é para que elas saiam, muitas vezes, de seu comodismo, de sua vida egoísta e se lancem para as águas mais profundas, ou seja, sejam ousadas. No olhar de Jesus Cristo que os convida percebemos um toque de esperança, pois mesmo aqueles homens e mulheres que por si só não tinham muito a oferecer, são acolhidos por Jesus de tal forma que, após o convite tudo muda na vida da pessoa, pois será a graça que o amparará. Ou seja, Jesus conhece muito bem de que barro são formados, mas àquele que em Deus se confia, muito realiza.

Você já deve ter se questionado muitas vezes o motivo de Jesus o convidar e lhe confiar algo, ou talvez tenha dito que há muitas pessoas melhores do que você. Mas, querido irmão ou querida irmã, você que me acompanha nestas nossas conversas, vou lhe revelar outro segredo, e este de uma maneira mais carinhosa: em minha caminhada vocacional também me questionei várias vezes sobre isso. E por graça de Deus me encontrei com uma mulher que muito me ajudou: Santa Faustina.

Santa Faustina, a secretária da misericórdia, como ela mesma se denomina em seu diário, em sua experiência mística com Jesus Misericordioso teve a difícil missão de propagar as várias formas de devoção à Divina Misericórdia, mas ela em um momento de crise, diante de tamanha missão dada, afirma que não consegue, e não sabendo como fazer, em oração Jesus diz a ela: "Filha Faustina, eu necessito da sua grande miséria para revelar a minha infinita misericórdia". Ao ler isso eu comecei a compreender a mística do chamado de um Jesus que não precisa de mim, e não precisa de você, mas Ele quis e quer contar comigo e com você, mesmo sendo nós como somos. Ser Feliz do Jeito Certo é assumir isto:

> Jesus quis contar com a nossa miséria para revelar a sua infinita Misericórdia.

Repita isto:

> Jesus quis contar com a nossa miséria para revelar a sua infinita Misericórdia.

Passos concretos da felicidade

Jesus sempre quer precisar de nós. Conheça um pouco mais sobre o casal Fred Pacheco e Ana Ismerin. Uma bela história de amor a Deus.

> "Costumamos dizer que somos diferentes em algumas coisas. Mas são exatamente tais diferenças que nos dão a oportunidade para completar o que falta ao outro.

No início chegamos até a rotular um pouco nossos temperamentos. Dizíamos "o Fred é mais emocional, Ana é mais racional". Como se fosse possível, ou como se fosse saudável estabelecer padrões. Não era o ideal. E não é para ser assim.

Nós somos e continuamos sendo um conjunto de sentimentos. De falhas e acertos, de sabores e dissabores que nos estimulam a exercitar a paciência, a gratidão, o perdão e a doação mútua. Olhar para o que falta no outro e buscar ser o apoio necessário para preencher qualquer lacuna. Claro que não se trata de preencher espaços reservados ao amor de Deus. Tais espaços o amor humano não é capaz de preencher. Esses campos pertencem a Deus. Ao amor maior. E pensamos que é exatamente aqui que nosso pequeno testemunho toma forma. Somos diferentes em coisas humanas e isso é bom. Mas o que nos iguala é a decisão de amar a Deus. De buscar o amor de um Deus que não desiste de nós e que está sempre pronto a alimentar nossa alma e nos capacitar a exercitar nossas virtudes, a partir da graça uma vez recebida pelo Sacramento do Matrimônio. Nos encontramos e nos unimos primordialmente no que é essencial para cada um de nós. É assim o que nos une, fortalece e nos impele a subir os degraus de qualquer esforço para sanar aquilo que aparentemente possa ser uma dificuldade em nossa caminhada como casal. A partir de uma decisão amorosa, Deus foi nos dando mais. Cada dia mais nos chamando a dar a vida completamente a Ele. Mas cada um em seu lugar, com seu talento, unidos em um só ideal. Sendo uma só carne. Temos convicção que esta premissa ensinada no Evangelho de Marcos, capítulo 10, versículo 8 se concretiza não de forma mágica ou física, mas em um propósito de vida. Em nosso ministério, realizamos coisas diferentes porque temos habilidades diferentes. Mas o propósito é único: ser de Deus e buscar a santidade e o céu. E dentro dessa premissa está a aceitação de um chamado. Um chamado feito a nós dois. Não somente ao Fred cantor e vocalista da banda DOM, mas sobretudo à Ana que com seu talento é o suporte necessário dentro e fora da missão para que Deus seja glorificado em nossa vida. Somos um, porque Deus nos amou primeiro e nos permitiu aceitar esse chamado. É nítido em nosso coração que Ele em sua grandeza poderia realizar tudo sozinho. Mas Ele não quis assim. Ele quis precisar de nós nos capacitando para multiplicar os talentos que Ele mesmo nos concedeu para viver. É tempo de graça. Tempo de amor. Ser um em Deus porque Deus é inteiro em nós. Deus o abençoe!"

Todas as vezes que Jesus olha para nós, nos ama profundamente porque sabe de que barro somos feitos, somos frágeis, mas dispostos a caminhar. Você é chamado por Deus, que o ama e conhece. E não se preocupe, pois assim como disse nosso querido papa emérito Bento XVI (2005), quando foi eleito: "Deus sabe trabalhar com instrumentos frágeis, assim como eu e como você. Então confie nele, somente isso!"

Reze comigo

Senhor Jesus, Pai de bondade e misericórdia eu te peço neste momento pela minha vida e vocação, confirme o chamado que me fizestes, mesmo sem merecimento algum. Clamo-te que minha única esperança seja em ti, que me sustenta e ampara.

Coloco minhas misérias diante do teu amor, para que sejam aproveitadas como Tu queres.

Senhor Jesus, mesmo sem compreender totalmente, quero te seguir para onde fores e para onde me mandares, mas repito, Senhor: confiando somente em ti.

Peço-te Senhor, suscita santas e numerosas vocações entre nossos jovens, para que aceitem o ousado convite de deixar tudo e seguir-te. Por fim, Senhor, eu me abandono em ti, para realizar teus sonhos em minha vida. E que Maria, minha Mãe, interceda por mim, para que, assim como ela, eu consiga dizer o "Eis-me aqui" aos teus planos de amor. Amém.

CAPÍTULO III

Minha história pessoal

Onde Deus habita

Muitas vezes tentamos ouvir a voz de Deus, ver os seus sinais, entender o porquê de tantos acontecimentos. Mas você precisa concordar comigo que, quase sempre, queremos respostas externas a nós; procuramos em locais distantes, onde não vamos ter as respostas e nos esquecemos da verdade daquela famosa frase de Santo Agostinho: "*Procurava fora o que estava dentro*". É isso que precisamos fazer, ou seja, voltarmos para nós mesmos e ali ver o que Deus fez, como Ele nos guiou até agora e quais seus planos de amor para conosco. Nesta nossa conversa mergulharemos um pouco mais na maravilha de nossa história pessoal, encontrando ali o próprio Deus. Venha comigo!

Na Palavra

Verificamos, nas páginas do Evangelho, belíssimos encontros de Jesus com tantas pessoas. Ao se encontrar com alguém, Ele visita sua história, ressignifica a sua vida e a ajuda a se ver de uma maneira diferente, fazendo-a capaz de se doar. Jesus sempre participa da nossa história de vida, seja ela como for. E assim também é comigo e com você: Ele nos olha e nos fala, do seu jeito e no seu tempo.

Leia comigo esta passagem, que me fez tão bem em um período específico de minha caminhada vocacional, e que ainda hoje continua a me falar. Vamos visitar a vida do Cego Bartimeu.

> *Chegaram a Jericó. Quando Jesus saía de Jericó com os discípulos e numerosa multidão, um cego estava sentado à beira do caminho pedindo esmolas. Era Bartimeu, o filho de Timeu. Ao saber que era Jesus de Nazaré, começou a gritar: "Jesus, filho de Davi, tem piedade de mim!" Muitos o repreendiam para que se calasse, mas ele gritava ainda mais alto: "Jesus, filho de Davi, tem piedade de mim!" Jesus parou e disse: "Chamai-o!" Eles chamaram o cego, dizendo-lhe: "Coragem! Levanta-te que ele te chama". Jogando para o lado o manto, levantou-se de um pulo e foi até Jesus. Tomando a palavra, Jesus lhe perguntou: "O que queres que te faça?" O cego respondeu: "Mestre, eu quero ver de novo!" E Jesus lhe disse: "Vai, tua fé te curou!" No mesmo instante ele começou a ver de novo e se pôs a segui-lo pelo caminho* (Mc 10,46-52).

Como estava a vida daquele cego? Qual a real situação em que ele se encontrava? O que o impulsionou a ter esperança em Jesus? E ainda, quando Jesus o visita em sua história, qual o resultado daquele olhar amoroso?

E você, como se encontra hoje em sua história? Qual sua esperança de, a partir de como está hoje, ou daquilo que já viveu, ainda poder esperar e ter fé?

Releia o texto se colocando no lugar daquele homem que foi achado, amado e visitado em sua história e coração.

Ainda o convido a ler o encontro de Jesus com a pecadora (Jo 8,3-11), que na contramão de tudo e todos foi achada, valorizada e conseguiu, a partir de sua história, segui-lo.

Questione-se

- Você consegue perceber na sua história de vida rastros de Deus?
- Qual sua atitude diante de sua história pessoal?
- Tem se esforçado para encontrar Deus através dos sinais em sua história?
- Assim como Bartimeu você tem conseguido, a partir de como se encontra, se dirigir a Jesus reconhecendo que Ele tudo é capaz?

Minha história de vida, morada de Deus

Alguns gostam da sua história, outros tentam de várias maneiras esquecê-la. Precisamos ter uma atitude de fé diante de nossa vida e acontecimentos, pois somente assim você irá perceber que a sua história é um lugar de

Deus, um lugar sagrado. Pode estar pensando agora: "Padre, mas alguns momentos, algumas situações da minha história são sim, sinais de Deus, mas nem tudo, pois tem outros momentos horríveis". Mas meu caro, toda a nossa história tem a mão misteriosa e silenciosa de Deus, a mão da Providência, mas uma Providência não dura e castigadora, e sim uma Providência que ensina, que cuida e que ama. É preciso falar de sua história como lugar onde Deus habita, ou seja, um lugar do mistério, até mesmo quando as coisas não são tão bonitas. Uma bela verdade que me marca muito: Deus constrói com você uma história pessoal de salvação. É comum nós ouvirmos falar da história da salvação de toda humanidade, mas Deus constrói também nas voltas e retas da vida a sua história pessoal de salvação e tem tudo a ver com o chamado que Deus lhe fez à vida, porque é na nossa história que Deus nos chama.

Jesus visita a história de tantas pessoas, e também a sua. Dá um novo sentido e um novo significado a tantas coisas ocorridas. Por isso, você pode falar com um coração repleto de alegria que nós nascemos para ser Feliz do Jeito Certo, porque em nossa história Deus está construindo e fazendo com que esta felicidade se realize.

> Minha história pessoal é, sim, morada de Deus.

Repita comigo:

> Minha história pessoal é, sim, morada de Deus.

Passos concretos da felicidade

E como é bom conhecer um pouco mais sobre a história pessoal de alguém que se deixou encontrar por Cristo, e que na sua história foi trilhando o caminho que Deus sempre sonhou. Leia comigo o testemunho do jovem Guttyerres Melo (Uruaçu/GO).

> "Sou Guttyerres Melo, tenho 27 anos de idade e sou Ministro Extraordinário da Comunhão, caminhando em um *namoro cristão*. Formado em Gestão da Tecnologia da Informação e graduando em bacharel em Direito, atuo como assessor parlamentar. Eu só pude perceber a minha história pessoal com Deus quando completei os meus 17 anos de idade. Em resumo, até os meus 17, eu era um jovem que não me importava com a Igreja, com a participação nas Santas Missas, e muito menos em usufruir dos sacramentos sagrados que nos são oferecidos. Não me importava se a minha conduta me aproximava ou me distanciava de Deus, e o que acontecia a todo momento era esse distanciamento. E no meio de tudo isso, passei por momentos que marcaram minha vida de forma negativa. Na minha infância tive que conviver com o término do casamento dos meus pais, e, consequentemente, o divórcio junto com a dor do luto de ainda criança perder uma prima que eu tinha como irmã. Esses são momentos em que uma criança fica muito vulnerável e, no meu caso, meus pais não são participantes ativos na Igreja, o que dificultou o meu inicial envolvimento. Contudo, percebo que a Igreja foi, na minha infância e adolescência, um dos lugares menos frequentados. Por graça de Deus, aos 17 anos de idade, quando por um sentimento inexplicável, surgiu uma vontade diferente de todas as outras: eu queria

fazer a Crisma (logo eu que passava anos sem ir à Igreja). Foi quando comecei uma luta comigo, pois, como eu faria a Crisma, sendo que nem frequentava a Igreja? Não me importava com aquilo que era tido como doutrina da Igreja, e neste mesmo ano eu ingressei na faculdade, tão sonhado curso! E os encontros da Crisma eram durante a semana, no período noturno, no mesmo horário do curso que eu estava fazendo. No entanto, com tudo isso pude aprender que a vontade de Deus é diferente das lógicas humanas. Enfim, recebi o Sacramento da Confirmação, recebendo o dom do Espírito Santo, e percebi que tudo aquilo que Deus queria me ensinar Ele ensinava através dos meus catequistas. Eu não fazia ideia de que aquele momento, aquela experiência, mudaria a minha vida para sempre e faria eu olhar para minha história de vida, desde a minha concepção e perceber que, mesmo eu não buscando Deus no meu dia a dia, Ele sempre cuidou e sempre cuida da minha vida, como uma espécie de pai, amigo, irmão. Então, por que não segui-lo sempre? Se Ele, mesmo nos meus piores momentos, sempre esteve comigo... Deus vive na minha história e busco sempre ser Feliz do Jeito Certo!"

Deus tem a capacidade de fazer aquilo que nós não acreditamos. Vamos lembrar de Pedro que, quando Jesus viu aquele pescador na praia, pobre pescador, Jesus olhou para ele e viu em Pedro o primeiro Papa em que iria se tornar. Deus entra na nossa história e faz dela o que Ele quer... e o que Ele pede de você hoje? Meu caro, a única coisa que Ele lhe pede é a abertura de coração, é generosidade na resposta, é amor e doação... só isso... Tenha um olhar de fé e amor para com sua história e perceba um Deus que sempre está com você, e que em sua história se revela.

Reze comigo

Deus Pai de bondade e misericórdia, te louvo pela minha história pessoal de vida.

Obrigado por ter sempre me conduzido, mesmo que não percebesse tua mão estava a me guiar.

Louvo-te por tantas vezes ter sido sinal de amor e misericórdia no meu caminho.

Mas te peço, Pai, dá-me olhos e ouvidos espirituais para que eu possa te ver e ouvir ainda mais nos caminhos retos e tortuosos de minha vida. Quero ver minha vida e história como Tu as vê.

Que eu contribua, Senhor, com esta bela história pessoal de salvação que comigo Tu realizas, abrindo meu coração aos teus planos.

E, por fim, cura-me de toda mágoa, tristeza e rancor que em tantos momentos de minha vida se fizeram presentes e que hoje tanto me atrapalham no dar--me plenamente a ti.

Quero te encontrar em minha história e ver ali teus planos de amor. E que Maria Santíssima, minha mãe, interceda por mim, para que eu consiga, assim como ela, dizer o sim aos teus planos e sonhos. Amém.

CAPÍTULO IV

Sou filho amado de Deus!

Jesus Cristo Filho Unigênito do Pai, nos concede a oportunidade de sermos filhos de Deus, participando desta sua graça. Por isso podemos falar que somos filhos no Filho. Como é bom afirmar:

"Sou filho de Deus", e isso desde o batismo onde recebemos esta graça..., mas o que é ser filho de Deus? Como entender essa graça que recebemos? Qual a beleza de ser filho de Deus?

Juntos vamos descobrir que para Ser Feliz do Jeito Certo é preciso, você e eu, assumirmos a graça de ser filho. Venha comigo!

Na Palavra

A Palavra de Deus é sempre nosso farol, nos guia no seguimento de Cristo. Encontramos Paulo em suas cartas aos Efésios e também aos Gálatas encorajando-os para que assumam a vocação sublime para a qual foram chamados. Acompanhe comigo o que São Paulo diz sobre a graça de ser filho de Deus.

> *Todos vós sois filhos de Deus pela fé em Cristo Jesus, pois todos vós, que fostes batizados em Cristo, vos revestistes de Cristo. Já não há judeu nem grego, nem escravo nem livre, nem homem nem mulher, pois todos vós sois um só em Cristo Jesus. Ora, se sois de Cristo, então sois descendência de Abraão, herdeiros segundo a promessa* (Gl 3,26-29).
>
> *Portanto, eu, prisioneiro por causa do Senhor, exorto-vos a andardes de maneira digna da vocação a que fostes chamado* (Ef 4,1).
>
> *Porque sois filhos, Deus enviou a nossos corações o Espírito de seu Filho que clama:* "Abba, *Pai!*" *De maneira que já não és escravo, mas filho e, se filho, também herdeiro por Deus* (Gl 4,6-7).

Todos nós fomos convocados a sermos filhos em Jesus Cristo e é essa a nossa vocação mais sublime. Toda nossa missão vem como consequência. Tudo que recebemos em nossa vida vem de Deus, e é Ele que nos faz merecedores de tamanha graça.

Releia estes textos bíblicos em forma de oração, peça a graça de você assumir em sua vida esta filiação.

Questione-se

- Todos nós somos filhos de Deus?
- O que é ser filho de Deus?
- Como você tem vivido sua filiação?

Sou filho de Deus

É bonito perceber, logo nas primeiras páginas da Sagrada Escritura, que na criação Deus pensa em cada detalhe do mundo e de tudo que existe. Contudo, por amor e misericórdia, Deus faz uma criatura diferente em especial, à sua imagem e semelhança. Eu e você fomos criados do amor de Deus, para nos assemelharmos a Ele. Há um chamado especial para que você se lembre disto.

Quando Deus nos fez, nos deu a graça de sermos sua imagem e semelhança e ainda mais quando Ele envia o seu Filho, o verdadeiro Filho. Nele nós entendemos o mistério da criação e o nosso mistério. Não fomos criados para qualquer coisa. Lógico que ninguém de nós tem a capacidade e o mérito para receber esse título; nós só somos dignos porque Jesus é digno e nisso está o mistério. Somos filhos de Deus e filhos amados, tratados com carinho e chamados a imitar o Pai, não por obrigação, mas por amor; não porque o pai é severo, mas, por liberdade; não porque eu preciso fazer isso, mas porque nos fez para sermos felizes do jeito que Ele quer e sonhou. Deus lhe quer não como um soldadinho obediente, mas sim como um filho amado. Lembre-se disto.

Caro(a) amigo(a), como sempre lhe apresento mais um segredo: o mistério da vocação de cada um se revela na imitação que o filho realiza do Pai. O ser filho que é a base de toda vocação. Somos filhos amados de Deus! E a partir daí o caminho segue; eu sou um filho que precisa seguir o Pai e obedecê-lo, para assim ser Feliz do Jeito Certo.

> Eu sou um filho amado de Deus.

Repita isto:

> Eu sou um filho amado de Deus.

Passos concretos da felicidade

Como disse Bento XVI em 2010: "O testemunho suscita vocações" e como é bom ver este mistério da filiação divina sendo testemunhada na vida de nossos irmãos. Leia comigo o testemunho de Magno Fernando, fundador da Comunidade Católica Nova Aliança, de Anápolis/GO.

> "Uma das condições mais necessárias para reencontrarmos a nossa filiação é fazer a descoberta de que temos um Pai. Esta descoberta tive a oportunidade de fazer quando, na minha história, marcada pela ausência do meu pai, pude, através de Jesus, conhecer a pessoa de Deus Pai, hoje tão esquecida por muitos, que me ensina todos os dias a me ver como filho. Por isso, quando falo do Pai, o meu coração e a minha alma se enchem de gratidão, pois em minha história sempre vejo a bondade dele.

Deus Pai nunca desistiu de mim, mesmo diante de tantas fraquezas e limitações humanas, vejo que Ele me faz um convite diário de ser um homem novo configurado ao seu Filho Jesus Cristo, o Filho por excelência. Esta configuração se dá a cada instante nas experiências comigo mesmo, quando vou me deparando com o meu ser pequeno, que em muitos momentos da vida rejeitei. Assim sendo, cada vez que me aproximo da bondade de Deus Pai, faço memória de minha pequenez, podendo ser eu mesmo, sem receios.

Ele vai me dando a coragem para enfrentar as duras provas do autoconhecimento e o quanto preciso ser diferente através da aceitação de mim mesmo. Sinto que a vocação que Ele coloca em meu coração é a de estar entregue em seus braços amorosos de Pai, e estar aí significa um despojamento total, livrando-me das consolações do mundo e esperando as consolações vindas dele que são eternas.

Essa *restauração* e *instauração* que Ele me pede começam aí; restaurar requer de mim uma grande abertura e dependência do Pai. Por isso, a confiança tem que ser total. Ele é o Divino escultor que tem as ferramentas adequadas para realizar em mim o seu plano de amor, fazendo resplandecer em mim o 'ser filho'".

O Pai sabe o que é melhor para você, pois Ele mais do que ninguém sonha em vê-lo feliz. Muitas vezes o Pai o olha de longe, mas com o coração ansioso em lhe reencontrar.

Somos amados e fomos esperados por Deus. Eu o convido a ter ousadia e a humildade de filho e questionar: Meu Pai, Tu que me criaste, amaste e esperaste, o que queres de mim? O que sonhas para este filho tão pequeno? A missão do filho é seguir os passos e caminhos que o Pai lhe apresenta, e precisamos pedir ao próprio Pai: ajude-nos a não desviar do teu caminho e a tentar ouvir a tua voz e entender aquilo que sonha para nós.

Meu amigo, louve a Deus porque és filho e peças a graça de ser obediente, dependente e alegre por ser filho.

Reze comigo

Pai de misericórdia, te louvo neste momento porque me criaste e me convocaste a ser tua imagem e semelhança.

Ajuda-me a abraçar minha vocação sublime de ser teu filho. Obrigado porque, mesmo sem merecimento, Tu me guiaste sempre; até mesmo quando escolhi outros caminhos me esperavas.

Clamo a ti a graça da fidelidade aos teus planos de amor, torna-me filho obediente à tua voz. Quero seguir teus passos.

A exemplo de teu Filho Jesus, quero abraçar minha missão, para que assim realize em mim o que fora sonhado por ti.

Ajuda-me a ser feliz do jeito que Tu queres. E que Maria, minha Mãe e Rainha, interceda para que eu, assim como ela, diga "sim" ao teu plano de amor. Tudo isto te peço por Jesus Cristo, na unidade do Espírito Santo. Amém.

CAPÍTULO V

Mesmo pecador sou chamado por Deus

Não podemos pensar que devido às nossas qualidades e inteligência somos chamados por Deus para assumir determinada missão. Seja para qual missão for, a vocação específica é iniciativa de Deus, que nos chama, e mesmo sabendo de que barro fomos feitos, Ele confia em nós. E esta verdade pode até mesmo nos assustar, ou no mínimo nos constranger, quando percebemos o tamanho do amor misericordioso que é dispensado a nós. Juntos vamos meditar que somos chamados por pura misericórdia, e não porque merecemos. E, assim, cada um de nós pode Ser Feliz do Jeito Certo. Venha comigo!

Na Palavra

A Palavra de Deus é palavra de misericórdia. E ao vermos como Jesus se encontrava com tantas pessoas, isto torna-se ainda mais claro. Ao olhar, tocar e fazer ousados convites, Ele surpreendia todos os que o observavam. Vamos agora ler uma passagem que para mim é uma das mais belas do Evangelho de Lucas. Levi é o nome deste homem que foi surpreendido pela misericórdia de Cristo.

> *Depois disso, Jesus saiu e viu um cobrador de impostos, chamado Levi, sentado junto ao balcão da coletoria e lhe disse: "Segue-me". Deixando tudo, ele se levantou e o seguiu. Em sua casa, Levi ofereceu-lhe um grande banquete. Havia uma grande multidão de cobradores de impostos e outras pessoas que estavam à mesa com eles. Os fariseus e seus escribas começaram a resmungar e a dizer aos discípulos: "Por que comeis e bebeis com cobradores de impostos e pecadores?" Jesus respondeu-lhes: "Não são os que têm saúde que precisam de médico, e sim os enfermos. Não vim chamar para a conversão os justos, mas os pecadores"* (Lc 5,27-32).

Releia esta passagem e se coloque no lugar daquele homem que estava na coletoria de impostos, e a partir daí reflita onde é hoje sua coletoria de impostos. Quais realidades precisam ser alcançadas por Cristo para que você o siga? Reze com Jesus ao encontrar-se com Levi.

Falar da misericórdia divina e da relação com a nossa vocação é uma missão fácil, pois basta olharmos nossa realidade e para que somos chamados. Há logo no início algo que nos assusta. Jesus se aproxima, olha e percebe como ninguém, e a partir daí a vida não consegue ser mais a mesma. Ao fitar o olho daquele homem e também o nosso, faz-nos um convite: "Segue-me".

Questione-se

- Você sabe o que é a misericórdia?
- Como podemos ser chamados por Deus, mesmo sendo quem somos?
- Percebe que Deus acredita em você?
- Sente-se como um alvo e filho da misericórdia?

Nossa miséria no coração de Cristo

Eu o convido a voltar seu olhar para o infinito amor de Deus por você. Pois quando nos deparamos com nossas fraquezas e limitações em contraposição com o chamado de Deus, com o sonho de Deus para mim, chegamos à conclusão que não é "por causa de" minhas qualidades e habilidades que sou chamado, mas sim "apesar de ser" o que sou, Ele me olha, ama e chama. O chamamento de Deus é fruto do seu infinito amor por cada filho, pois Ele que nunca deixa de nos amar também nunca nos deixa de chamar. E isto é misericórdia.

Um Deus que nos olha, e ao mesmo tempo que nos purifica, Ele nos chama. O chamamento de Deus por nós nos constrange, pois há o encontro entre a miséria e o amor, entre a fraqueza e a compaixão. Precisamos silenciar para compreender este mistério de amor, pois foge de toda nossa lógica humana, marcada pela utilidade e eficácia.

Pois o chamado vocacional é a um filho, e não a um servo. Podemos afirmar: Somos chamados pela misericórdia!

Muitas vezes, lemos e ouvimos falar da misericórdia... Ela corre o perigo de virar um jargão de Igreja, uma palavra que é sempre usada, mas sem ser devidamente compreendida.

A própria palavra "misericórdia" nos indica sua essência, pois são as nossas misérias no coração de Deus. Nosso querido amigo Papa Francisco nos diz: "É a ação de Jesus Cristo que encontra a miséria humana, é o sair de si, onde Jesus, do alto da cruz, se abaixa até a humanidade como ela está". É a nossa miséria mergulhada no coração de Jesus. Não há como falar de resposta vocacional sem antes falar de misericórdia, sem falar que desde sempre até a escolha específica foi por pura misericórdia, não por nossos méritos. Deus lhe chamou apesar de ser quem é!

Caro(a) amigo(a), cada dia mais estou convencido de que nossa vocação é fruto exclusivo e amoroso da misericórdia divina. Pois somente fixando nosso olhar nos raios da infinita misericórdia, compreendemos que somos e fomos chamados, não por nossos méritos e qualidades, mas apesar de nossos defeitos e misérias.

Como nos disse o Papa Francisco: *"Há momentos em que somos chamados, de maneira ainda mais intensa, a fixar o olhar na misericórdia, para nos tornarmos nós mesmos sinal eficaz do agir do Pai "* (*Misericordiae Vultus*, 2015), e no processo de discernimento vocacional este é o único caminho.

Passos concretos da felicidade

E vamos agora junto comigo, ver na vida do consagrado Matheus Marçal, Missionário de Vida da Comunidade Católica Missão Maria de Nazaré, de Divinópolis/MG, a misericórdia de Deus testemunhada, e perceber que sua resposta vocacional é sinal deste amor misericordioso para tantas pessoas.

> "Amados, atentos à voz do Senhor que nos chama, partilho com você que é possível ser Feliz do Jeito Certo. Que Deus nos quer santos e santas, mesmo sendo tão limitados e pecadores e trazendo em nós tantas misérias e mazelas, é certo que não estamos sozinhos e que 'nada pode nos separar do amor de Deus' (Rm 8,39).
>
> Por várias vezes nos encontramos angustiados pensando sobre nossos pecados passados, confessados e aqueles que ainda tendem a nos derrubar hoje, onde por um instante vem à tona toda a nossa fragilidade e impotência diante das tentações, com sentimento de grande incapacidade de seguir adiante rumo à felicidade eterna que é o céu.
>
> Neste caminho de luta contínua para não pecar, percebemos que não estamos sozinhos. Basta ler a vida dos grandes santos e santas de Deus que também foram tomados por tristezas e dúvidas no caminho da santidade, e que se tornaram grandes exemplos de superação. E nesta comunhão os santos intercedem e lançam sobre nossos sofrimentos pessoais uma luz sobrenatural capaz de nos fortalecer na batalha espiritual que travamos contra o mal e assim corresponder com

toda força e de todo coração ao chamado de Deus à santidade, o que nos faz recordar as Sagradas Escrituras quando diz 'Ainda não tendes resistido até o sangue, na luta contra o pecado' (Hb 12,4).

Nunca perdendo a consciência de nossos pecados, como diz o Salmo 50,2: 'Eu reconheço a minha iniquidade, diante de mim está sempre o meu pecado', temos como primeiro ato diante da inquietude e aflição pelos pecados cometidos, e arrependidos devemos lançá-los no fogo misericordioso do amor de Deus, principalmente através do Sacramento da Reconciliação e agora perdoados nos propor firmemente não mais pecar.

Para você que está lendo este livro e que quer ser Feliz do Jeito Certo, creia que apesar de nós e de todos os nossos pecados, mesmo assim somos chamados por Deus a sermos santos e santas no mundo de hoje. Não se perturbe por qualquer queda, por este pecado ou aquele vício, por uma impureza ou defeito. Se cair, não desista, levante-se! Como disse São João Paulo II: Santo não é aquele que não cai, santo é aquele que mesmo caindo não desiste de levantar. Não viva triste se perguntando: 'Sou pecador, será que Deus tem mesmo um chamado para mim?', porque quando Jesus veio ao mundo, não foi para os justos, mas para os pecadores (Mt 9,13). Que o Preciosíssimo Sangue de Nosso Senhor possa nos lavar e que Deus em sua infinita providência e bondade realize tudo o que tem reservado para cada um de nós."

Falar de vocação e de chamado é antes de tudo reconhecer que é por misericórdia que somos escolhidos: fomos amados e escolhidos. Deus nos ama sempre, essa verdade nós não podemos esquecer.

> Por misericórdia sou chamado por Deus.

Repita comigo:

> Por misericórdia sou chamado por Deus.

Reze comigo

Pai de misericórdia, te louvo e bendigo por teu amor incondicional por cada um de nós. Mesmo sem merecimento sou olhado por ti, da mesma forma que Tu olhaste para Levi, te aproximas de mim e faz um ousado convite: *"Vem e segue-me"*.

Peço-te meu Pai de misericórdia, que nunca me afaste do teu amor, para que assim não me perca em mim mesmo e nas minhas verdades.

Quero depender somente de ti, e assim ter a certeza de que estou no caminho certo. Reconheço que em tua misericórdia serei mais feliz.

Que Maria, Mãe e Rainha das vocações, interceda por mim, hoje e sempre. Amém.

CAPÍTULO VI

O "sim" de Maria e a minha resposta a Deus

Em Nazaré, na Galileia, aconteceu algo tremendo na vida daquela jovem para a qual o anjo apareceu e fez um intrigante e ousado convite. E não podemos esquecer que ela, mesmo sem entender completamente, até mesmo com uma certa surpresa, disse: "sim, eis-me aqui". Um "sim" que mudou não só sua vida, mas de toda a humanidade e hoje nos inspira a olhar para nós também e dizer "sim Senhor, aqui estou". Vamos meditar e conhecer um pouco mais sobre esta jovem de Nazaré e sua resposta a Deus. Venha comigo!

Na Palavra

O evangelista São Lucas nos brinda com belíssimas páginas sobre a Mãe do Senhor Jesus, desde os primeiros instantes em que o anjo lhe apareceu. São momentos fortes de fé e entrega total à vontade do Senhor. Se refletirmos um pouco mais, pela humildade de Maria, não foram tantas as vezes que ela disse sobre si mesma, mas destes poucos momentos, São Lucas consegue nos transmitir o essencial sobre aquela jovem, mãe, filha e vocacionada do Senhor.

Meditemos sobre estas passagens do Evangelho de São Lucas, que nos revelam um pouco mais sobre Maria. Leia, releia e medite sobre as atitudes de Maria, sua resposta a Deus e a generosidade da decisão. Leia comigo.

> *No sexto mês, o anjo Gabriel foi enviado da parte de Deus para uma cidade da Galileia, chamada Nazaré, a uma virgem, prometida em casamento a um homem, chamado José, da casa de Davi. O nome da virgem era Maria. Entrando onde ela estava, o anjo lhe disse: "Alegra-te, cheia de graça, o Senhor está contigo!" Ao ouvir as palavras, ela se perturbou e refletia no que poderia significar a saudação. Mas o anjo lhe falou: "Não tenhas medo, Maria, porque encontraste graça diante de Deus. Eis que conceberás e darás à luz um filho e lhe porás o nome de Jesus. Ele será grande e será chamado Filho do Altíssimo. O Senhor Deus lhe dará o trono de Davi, seu pai. Ele reinará na casa de Jacó pelos séculos e seu reino não terá fim".*
>
> *Maria perguntou ao anjo: "Como acontecerá isso, pois não conheço homem?" Em resposta o anjo lhe disse: "O Espírito Santo virá sobre ti e o poder do Altíssimo te cobrirá com sua sombra; é por isso que o menino santo que vai nascer será chamado Filho de Deus. Até Isabel, tua parenta, concebeu um fi-*

lho em sua velhice, e este é o sexto mês daquela que era considerada estéril, porque para Deus nada é impossível". Disse então Maria: "Eis aqui a serva do Senhor. Aconteça comigo segundo tua palavra!" E dela se afastou o anjo (Lc 1,26-38).

Como nos faz bem voltar a esta página do Evangelho e encontrar a iniciativa de um Deus que ama profundamente a humanidade, e a generosidade de sua filha muito amada e que se fez capaz de amar de todo seu coração. E mesmo com medo, e em uma atitude de abandono se entrega aos planos de Deus.

Questione-se

- Tem reconhecido que a iniciativa do chamado, seja ele qual for, é sempre de Deus?
- Percebe que, assim como em Maria, Deus se aproxima de você e confia-lhe uma missão?
- E como tem lidado com o medo e a dúvida na resposta?

Medite isto antes de continuar a leitura.

O sim de Maria

São Lucas nos diz que Maria, sem muito compreender, perguntou: Como se dará isso? Ou talvez podemos dizer que Maria por se conhecer, percebe-se pequena demais diante do chamado. Maria, uma filha de Deus, pensada e preparada desde todo o sempre para ser a Mãe do Filho de Deus, contudo, era humana e experimentava em si todas as consequências de sua fragilidade, as dúvidas e medos; não que Maria tenha pensado em dizer não ou fosse obrigada a dizer sim. Maria era um ser humano, preparada e sonhada por Deus. Imaculada para ser uma digna habitação para o Filho de Deus. Mas Maria naquele momento mostra a sua humanidade. É aquela que se dispôs, mas deixou revelar-se nas entrelinhas dessa pergunta dela, a sua humanidade, fragilidade e também sua liberdade do chamado. Imaginando um pouco, e olhando para a história daquela jovem, que até poderia dizer: "Não! Tenho os meus planos, os meus projetos, estou prometida a casar com José". Mas, ela deixou de lado os seus planos para fazer algo maior. Doar-se completamente nas mãos daquele que ela tanto amava.

Eu o convido, meu amigo, a pensar um pouco mais sobre algumas dentre tantas virtudes de Maria, que são a disponibilidade e a liberdade. Nossa sociedade está cada vez mais carente de pessoas e exemplos que, assim como ela, exerçam a sua vontade, os seus planos, os seus projetos para abraçar e sonhar os sonhos de Deus. O "faça-se" de Maria é a certeza de que é Deus que tudo faz, e nós apenas nos colocamos disponíveis. Não sou eu quem faço, mas sim é Ele que tudo faz *em* e *por* mim.

Peçamos ao Senhor um coração livre para responder o seu chamado e que Maria interceda por cada um de nós. Maria, Mãe e Rainha das vocações, interceda por nós. Façamos desta a nossa oração, Maria Mãe da minha vocação. Maria com seu sim evangelizou e mudou toda a história da humanidade. Nós também somos convidados a evangelizar.

> Maria, interceda por mim para que eu consiga dizer o "faça-se em mim" segundo a vontade do meu Senhor.

Repita comigo:

> Maria, interceda por mim para que eu consiga dizer o "faça-se em mim" segundo a vontade do meu Senhor.

Passos concretos da felicidade

Como é bom encontrar na vida das pessoas o amor de Deus vivo e presente, assim como encontramos na vida de Santa Faustina e de tantos homens e mulheres. Eu o convido a ler comigo o testemunho de uma mulher que foi também atraída por este Jesus que quer contar com você: o testemunho da Ir. Solange Maria de Carvalho, Dominicana de Santa Catarina de Sena.

> "Sou mineira de Iraí de Minas, mas pequenina fui com meus pais para Uruaçu (GO). Foi ali que cresci e encontrei-me com as Irmãs Dominicanas de Santa Catarina de Sena, que me cativaram pelo sorriso, simplicidade de vida, pela oração e dedicação à Missão e à Educação. Foi amor à primeira vista! A confirmação do chamado se concretiza no dia a dia na oração, na vida comunitária e no estudo. As dificuldades eram superadas com a graça de Deus na oração, na correção fraterna e na orientação da formadora Irmã Maria das Graças Silva que com carinho e amor me fazia perceber que 'Tudo posso naquele que me fortalece' (Ef 4,13). Minha alma estava mergulhada na misericórdia de Deus. Sentia-me pequena, mas confiante no amor de Deus e

na proteção de Nossa Senhora. Pronunciei o meu sim com grande desejo de ser fiel à minha vocação, e Deus tem me concedido esta graça.

Foi nesta comunidade que aprendi a arte de amar sempre, ser alegre e feliz servindo a todos e a cultivar uma intimidade com Deus na oração. A vocação é um mistério! Tenho um profundo amor e gratidão a todas as Irmãs que passaram por mim. Tenho-as no meu coração. É maravilhoso perceber que Deus vai agindo em nós, que somos meros instrumentos em suas mãos. Ele sempre coloca pessoas que possam nos ajudar nesta tarefa tão sublime.

A consagração, o seguimento de Jesus se vive no dia a dia, nos acontecimentos, na missão, e na disponibilidade. No meu coração e na minha mente surge uma lembrança que sempre orientou as minhas decisões: ***Fazer o bem sempre e onde seja possível,*** como dizia Teresa de Saldanha, nossa fundadora. E aqui estou, procurando amar no momento presente, acolhendo a todos e servindo em tudo o que posso. Considero um grande carinho de Deus estar aqui, onde tudo começou! E sem dúvida alguma, o 'sim' de Maria me impulsionou para que, seguindo seu exemplo, conseguisse, também com generosidade, responder meu chamado. Maria, mãe do sim, e que me ensinou a ouvir atentamente o que Deus sonhou por mim. E continuo meu caminho, que trilho há 50 anos, na alegria da vida, utilizando a frase de Santa Teresa de Saldanha, afirmo: '*Feliz, mil vezes feliz sou eu, e por tudo dou graças a Deus!*'"

Faz-nos bem ver a presença de Deus e o cuidado de Maria na vida de uma pessoa. Maria é, sim, a Mãe e Rainha das vocações. Ela inspira e cuida de nós que somos os seus filhos. E você, tem o hábito de se colocar nas mãos dela, e pedir que lhe ajude a responder diante de suas missões, assim como ela respondeu?

E lhe conto agora mais um segredo! Em minha vida de oração, todos os dias, e até mesmo várias vezes por dia, me consagro a Maria. Peço-lhe então: consagre-se também à sua Mãe. Ela cuida de você! Reze comigo, neste momento, a consagração a Maria.

> Ó, minha senhora, e também minha mãe, eu me ofereço inteiramente todo a vós, e em prova da minha devoção, eu hoje vos dou meu coração. Consagro a vós meus olhos, meus ouvidos, minha boca, e tudo o que sou desejo que a vós pertença. Incomparável mãe, guardai-me e defendei-me, como filho e propriedade vossa. Amém.

Que esta oração o acompanhe sempre. Seja Maria sua companheira fiel nas lutas e desafios de cada dia. Saiba que ela o compreende, o protege e caminha contigo. Maria, Mãe e Rainha da minha vocação, interceda por mim. Amém.

Reze comigo

Deus Pai de bondade e misericórdia, neste momento, me coloco diante de ti, reconhecendo todas as maravilhas que realizaste em minha vida. E com um coração grato, te peço que assim como Maria, eu consiga realizar teus planos de amor em minha vida.

Minha mãe Maria, interceda pela minha vida, vocação e missão, para que cada dia mais seja generoso e disponível, mesmo que não compreenda tudo, ou precise ofertar meus projetos e sonhos, para abraçar os de Deus, que são eternos. Por fim, Maria, ajuda-me a caminhar seguindo os passos de teu Filho Jesus Cristo, hoje e sempre. Amém.

CAPÍTULO VII

Quero ser discípulo

Faz parte de nosso vocabulário de Igreja, de grupos de oração, de nossa comunidade, a palavra "discípulo". Muitas vezes ouvimos, falamos e até em nossa oração se faz presente, mas aqui, nesta nossa caminhada, o convido agora a se perguntar primeiramente o que é ser discípulo, e o que caracteriza um caminho de quem se diz discípulo. E ainda mais: não tenha medo de se questionar se, de fato, você é um discípulo ou discípula de Jesus Cristo. Então, vamos juntos mergulhar em águas profundas, pois quem chama é o próprio Mestre que nos faz discípulos. Venha comigo!

Na Palavra

Para nos situar no verdadeiro discipulado, voltemos nosso olhar e nosso coração ao próprio Jesus Cristo, que passou em tantos lugares e fez um convite que, nem mesmo aquele que o recebeu, compreendeu bem. Desde a beira do Mar da Galileia, passando por cidades, povoados e até mesmo em lugares que não eram "politicamente corretos" Jesus faz um chamado radical para tantas pessoas.

Eu lhe convido agora, a ler e meditar a Palavra de Deus, e perceber lá a ação e a maneira como Jesus chama os seus primeiros discípulos. Leia, releia e reze estas passagens, agradecendo a bondade de Jesus e se vendo naqueles mesmos lugares por onde Ele passou. Reze comigo.

> *O mesmo acontecia com Tiago e João filhos de Zebedeu, sócios de Simão. Mas Jesus disse a Simão: "Não tenhas medo! De agora em diante serás pescador de gente". Atracando em terra os barcos, eles deixaram tudo e o seguiram* (Lc 5,10.11).

> *Então Jesus se aproximou e lhes disse: "Toda a autoridade me foi dada no céu e na terra. Ide, pois, fazei discípulos meus todos os povos, batizando-os em nome do Pai e do Filho e do Espírito Santo, ensinando-os a observar tudo quanto vos mandei. Eis que eu estou convosco, todos os dias, até o fim do mundo* (Mt 28,18-20).

Que lindas páginas do Evangelho, onde Jesus olha, ama e chama a tantos que, mesmo sem merecimento próprio, aceitam o ousado e instigante convite daquele homem que os encantou.

Jesus vai até o lugar onde eles se encontravam, e do jeito que estavam são encontrados por Ele. Os discípulos foram olhados como ninguém os tinha olhado. Notemos que o discípulo é alguém que foi olhado por Jesus. E Ele nos dá a missão de sermos também anunciadores para outros anunciadores, fazer discípulos dele.

Amando cada um, Jesus Cristo, no extremo de amor e humildade, fez com que eles participassem do seu plano de amor e bondade, que era realizar a vontade do Pai. Ele permitiu que aqueles homens sonhassem o seu sonho.

Eu o convido, mais uma vez, a ler estas passagens e, com as luzes do Espírito Santo, se reconhecer também chamado, da mesma forma que aqueles que foram amados e acolhidos por Jesus. Boa oração!

Questione-se

- Em sua caminhada, você tem conseguido se reconhecer como um discípulo de Jesus Cristo?
- E ainda mais, tem percebido em sua história o convite amoroso e ousado de um Deus que o ama, e por este exato motivo o chama? E ainda, tem compreendido, com os olhos da fé, a quem você é convidado a seguir?
- Afinal, o que é ser discípulo de Jesus Cristo para você?

Ser discípulo

Ser discípulo, caro amigo, é seguir os mesmos passos de Cristo. O discípulo segue o Mestre, pois reconhece nele a verdadeira voz e o autêntico caminho que lhe conduzirá à verdadeira felicidade. O discípulo, antes de tudo, é alguém que tem a certeza do amor de Deus por ele, pois, somente a partir disto, é capaz de doar-se e abandonar-se nas mãos do Senhor, e esta é a condição para dizer: Meu Mestre e Senhor.

Sempre quando falamos em "ser discípulo", reconhecemos que há um caminho, há alguém que vai à frente e até mesmo Aquele que dá o sentido para que continuemos caminhando. O discípulo de Cristo é chamado a caminhar, seguindo os passos e ouvindo sua voz, pois é o próprio Jesus que, amando-o, convida-o e dá o sentido do caminho, por mais difícil que seja.

O discípulo de Jesus Cristo foi profundamente amado por Ele e é capaz de reconhecer este amor em sua vida, em sua história. Cristo caminha com cada um de nós, e em nossa história Ele se revela. Por isso, podemos afirmar que, na história do discípulo, encontra-se a ação misteriosa e silenciosa de um Deus que não desiste de ninguém.

O verdadeiro discípulo de Cristo foi olhado por Ele, encontrado por Ele, convidado por Ele e enviado também por Ele. Guarde estas palavras que revelam um pouco do amor dele por você: olhado, encontrado, convidado e enviado.

O discípulo não tem por si mérito que o faça trilhar o caminho do seu Senhor, mas por causa do chamado e amor do seu Mestre é capaz de continuar caminhando, mesmo que haja falhas e limitações em sua caminhada. Estando à beira mar, na coletoria de impostos ou nos serviços de cada dia, o discípulo que se abre à proposta do Mestre não consegue mais viver da mesma forma, pois sua vida foi profundamente tocada por Ele, e nela há marcas profundas de amor, que o faz seu seguidor.

Você pode concluir comigo que não somente aqueles homens do Evangelho são os discípulos de Cristo, mas hoje, você e eu somos convidados amorosamente a trilhar o caminho do nosso Mestre Jesus Cristo. A própria palavra: "discípulo", significa seguimento, presume que há alguém que caminha à frente, indicando o caminho e dando sentido a ele. O verdadeiro discípulo é aquele que se configura perfeitamente com seu Mestre. Então, se queremos saber se somos discípulos de Cristo, precisamos olhar para nossa vida, e perceber qual caminho estamos trilhando. E ainda se há um esforço de, mesmo reconhecendo minhas limitações, continuar seguindo a voz do Mestre Jesus. Há algumas atitudes próprias do discípulo de Cristo. Primeiramente adesão à sua vontade, reconhecer-se amado por Ele, fidelidade à sua proposta e coragem de segui-lo.

E lhe conto um segredo: para que você e eu possamos permanecer no caminho de Jesus Cristo e sejamos seus discípulos, precisamos ser loucamente apaixonados por Ele. Ser apaixonado é reconhecer que somente nele estaremos plenamente felizes. Por isso precisamos pedir:

> Senhor, fazei que eu vos ame cada dia mais.

Repita:

> Senhor, fazei que eu vos ame cada dia mais.

Passos concretos da felicidade

E não somente temos testemunho dos primeiros discípulos de Cristo, mas graças a Deus, ainda hoje, temos tantos homens e mulheres que ousadamente continuam trilhando os passos de nosso Mestre, Cristo Jesus. Conheça comigo o testemunho de Dom Messias dos Reis Silveira bispo da Diocese de Teófilo Otoni (MG). Leia comigo:

> "Eu sempre quis ser padre. Não sei quando surgiu a minha vocação, pois desde pequeno sentia-me vocacionado. Certamente a inquietação vocacional teve origem no testemunho da minha família. Fui incentivado a ser padre também pela minha professora de primeiras letras, a senhora Aparecida Paim. Queria ingressar-me no seminário quando era pequeno, mas algumas pessoas me desestimularam dizendo que era muito difícil. Também a minha família não possuía recursos financeiros para ajudar-me, pelo contrário, ela precisava de meu trabalho. Por esse motivo, após cursar a 4ª série, parei de estudar, e senti que estava encerrada para mim a questão vocacional. Comecei a trabalhar com meu pai exercendo o ofício de balconista.
>
> Mas sempre que ouvia falar do tema vocação um estremecimento interior me movia e eu desejava ardentemente responder àquela inquietação. Um dia encontrei o endereço de um seminário dos franciscanos em uma pagela da Folhinha do Sagrado Coração de Jesus. Escrevi-lhes manifestando o meu desejo. Penso que minha carta continha a ingenuidade de menino da roça, não merecia crédito, e por isso nunca

recebi a resposta. O tempo foi passando e o desejo vocacional passeava por dentro de mim.

Em 1975 aconteceram as missões redentoristas, em minha cidade. Fiquei encantado. O desejo vocacional reacendeu. Um tio me incentivou a ir ao seminário. Comecei a fazer contato com o Seminário Redentorista em Aparecida. Esbarrei em um obstáculo: os meus estudos não eram suficientes para o meu ingresso no seminário. Descobri que eles tinham um seminário para formar Irmãos. Pensei logo em ir para esse seminário e talvez depois pedir a transferência para o outro seminário, onde se formavam os padres. Fiz o encontro vocacional, mas percebi que minha vocação era mesmo sacerdotal. Falei com o padre que me orientava dizendo-lhe que não iria começar um caminho vocacional tão bonito querendo enganá-los dizendo que queria ser Irmão, quando na verdade, eu queria ser padre.

Voltei para casa. Iniciei uma comunidade com celebrações da Palavra, lá na roça onde eu morava, e consegui iniciar meus estudos. No ano seguinte, em 1978, ingressei no Seminário Santíssimo Redentor, em Sacramento, MG. Fui seminarista redentorista por 9 anos. Saí do seminário e fui trabalhar. Um ano e meio depois ingressei no seminário de minha diocese de origem. Fiz Teologia e fui ordenado padre. Trabalhei 11 anos na formação sacerdotal e também em paróquias. Depois fui designado pároco da Paróquia Nossa Senhora das Dores, em Guaxupé, MG. Ali fiquei dois anos e meio. O Papa Bento XVI me nomeou bispo de Uruaçu, onde fiquei quase 12 anos, e agora bispo da Diocese de Teófilo Otoni, MG. Sou muito feliz em minha vida vocacional. Tive obstáculos, muitas dificuldades, mas tudo foi sendo superado, com a graça de Deus. Anunciar o Evangelho, fazer a caridade, ajudar as pessoas a encontrarem a alegria, ser fraterno e agir com ternura faz parte de meu projeto de vida, entre outras ações."

Reze comigo

Senhor Jesus Cristo, Tu que chamaste os primeiros discípulos visitando-os em sua própria história, amaste a cada um. Neste momento peço-te que saibas reconhecer em minha história tua ação misericordiosa e misteriosa. E que eu seja capaz de, ouvindo tua voz, trilhar teus passos.

Peço-te, Senhor, faze-me teu discípulo. Quero fazer o que Tu queres e, seguindo teus passos, abandonar-me em ti. Aumenta em meu coração o amor por tua verdade, e que esse amor se faça doação. Não quero seguir os meus passos, os meus caminhos e a minha verdade, mas assim como os primeiros discípulos quero deixar tudo, se preciso for, e te seguir, reconhecendo que nada posso sem ti. Renovo minha esperança em saber que estás sempre comigo.

Maria, minha Mãe e Rainha das vocações, interceda por mim, para que seja a teu exemplo um discípulo fiel, que confiou totalmente na bondade infinita de Deus.

Faze-me discípulo teu, Senhor, e sustenta-me hoje e sempre. Amém.

CAPÍTULO VIII

As cruzes no caminho do discípulo

Para este itinerário da busca de uma felicidade verdadeira, do Jeito Certo, os passos que estou convidando você a dar são os próprios passos de Jesus Cristo. Nesta nossa conversa de agora, quero lembrá-lo que Ele, de fato, passa por estradas e cidades curando, realizando milagres, chamando homens e mulheres para segui-lo, mas também se encontra com a dor, a paixão e a morte. Somos cristãos porque seguimos Jesus Cristo. Então, se Ele, o nosso Mestre, abraçou a sua cruz dando-nos o exemplo, nós, seus discípulos, também precisamos trilhar este mesmo caminho. Lembre-se sempre: "Se alguém quer me seguir, renuncie a si mesmo, tome sua cruz e me siga"(Mt 16,7). Juntos seguindo Jesus Cristo, deixamo-nos levar rumo à felicidade verdadeira, mesmo que no caminho haja cruzes e sofrimentos. Venha comigo!

Na Palavra

Recomendo você a percorrer as páginas do Evangelho, e junto a Jesus Cristo caminhar e perceber que a missão do Filho de Deus não se limitou a realizar curas, perdoar pecados, ensinar e fazer tantas outras ações. Caminha com Ele até o fim, até quando Ele tomou a firme decisão de subir para Jerusalém, mesmo sabendo o que lá encontraria. Suba com Ele para Jerusalém, até mesmo porque Ele já havia ensinado esta verdade: aquele que quisesse segui-lo precisaria renunciar às suas vontades, gostos pessoais e abraçar sua cruz de cada dia. Esta é a dinâmica que pedagogicamente Ele ensinava e que foi consumada com seu exemplo.

Leia comigo, como bom discípulo que segue os passos do Mestre e não tenha receio, pois Ele está com você.

> *E disse a todos: "Se alguém quiser vir após mim, renuncie a si mesmo, tome a sua cruz cada dia e me siga. Pois quem quiser salvar a sua vida, vai perdê-la; mas quem perder a sua vida por amor de mim, esse a salvará* (Lc 9,23.24).

> *Como estavam para se completar os dias em que seria arrebatado deste mundo, Jesus dirigiu-se resolutamente para Jerusalém* (Lc 9,51).

> *Em seguida, sabendo que tudo estava consumado e para se cumprir plenamente a Escritura, Jesus disse: "Tenho sede". Havia ali um vaso cheio de vinagre. Os soldados fixaram uma esponja embebida em vinagre numa vara de hissopo e lhe aproximaram da boca. Depois de provar o vinagre, Jesus disse: "Tudo está consumado". E, inclinando a cabeça, entregou o espírito* (Jo 19,28-30).

Caro(a) amigo(a), tomar a nossa cruz de cada dia... saiba que este é o maior desafio. Primeiramente reconhecer que não somente as "grandes cruzes", mas na verdade os pequenos desafios, obstáculos e dificuldades. Tenha a consciência de que sua vida é marcada por isso, e que essas cruzes, por maiores e mais sofridas que sejam, não podem te determinar. Por isso, convido-lhe a voltar o olhar para a Cruz de Jesus Cristo, pois é nela onde encontramos o verdadeiro significado. E peço, não acredite em doutrinas e propostas de uma alegria sem cruz. Como sempre, lhe conto um segredo: a verdadeira felicidade é composta por momentos alegres e momentos tristes, mas como a felicidade nos vem de algo maior, conseguimos superar. Por favor, lembre-se disto.

Agora volte seu olhar e leia novamente as passagens bíblicas colocando-se diante de Jesus, sua proposta e exemplo. Boa oração!

Questione-se

- Como você tem lidado com suas dificuldades? Em suas cruzes diárias tem conseguido permanecer em paz?
- Tem assumido, no seu chamado, a renúncia de suas próprias vontades para abraçar o que Jesus lhe apresenta?

Minhas cruzes na Cruz de Jesus

Caro(a) amigo(a), você que me acompanha nesta nossa conversa tem dentro de si, tenho certeza, a busca por algo maior, uma felicidade que supera a instabilidade daquilo que lhe é apresentado comumente. Por isso, é oportuno olharmos para as nossas cruzes, que muitas vezes tentam nos roubar a paz – e algumas vezes até conseguem.

Humanamente, talvez nós pensemos em até mesmo desistir do caminho, dos sonhos, dos projetos e quem sabe do seguimento a Cristo, pois achamos pesado demais. Somos tentados a procurar outros caminhos, mais fáceis e menos sofridos. Contudo nós não podemos esquecer que devemos sempre fixar nosso olhar em Jesus Cristo. Não apenas ao Jesus glorioso, que chega a Jerusalém sendo aclamado por multidões, "hosana ao Filho de Davi", ou naquele que deixou o sepulcro vazio, pois ressuscitou. Mas, sobretudo, olhar para o Jesus que decide subir para Jerusalém, que é perseguido, humilhado, caluniado, flagelado, e, em paz, toma a sua cruz e a carrega, configurando-se com cada um de nós, pois Ele, sendo Deus, não precisava passar por aquilo: dores físicas e espirituais. Mas, para nos ensinar como devemos fazer – repito, para ensiná-lo como deve fazer –, Ele nos ensina como trilhar o caminho de seguimento dos planos e projetos do Pai.

Em cada manhã devemos tomar a firme decisão. Que o nosso sim seja marcado por esta decisão de continuar mesmo que pareça pesado demais. Não importa o tamanho da cruz, pois o que nos redime é o amor com que a abraço. Então, lhe peço: coloque a cruz no seu ombro e nunca deixe de olhar para Ele. Sigamos Jesus Cristo completo, por inteiro – este é o caminho da verdadeira felicidade.

Tantos irmãos nossos que sofrem de inúmeras maneiras e conseguem com seu sofrimento configurar-se com Cristo completo. Faça a experiência de visitar hospitais e clínicas de pacientes terminais, e consiga ver Jesus Cristo sofredor no olhar de cada um. É Jesus que se compadece de nossa condição, e abraça sua cruz. Tantos que estão abandonados pelas ruas, caluniados e perseguidos... outros cristos que carregam sua cruz.

Que suas cruzes, caro(a) amigo(a), encontrem o seu verdadeiro significado na Cruz de Cristo, pois somente assim conseguiremos, com amor e paciência, seguir no discipulado de Cristo.

Passos concretos da felicidade

Como é necessário termos a sensibilidade de ver na vida de tantos irmãos e irmãs, o próprio Jesus Cristo. Acompanhe comigo o testemunho de Irmã Zélia, da Copiosa Redenção, de uma bela vocação à vida religiosa que, marcada pelo amor, consegue se configurar ao Cristo completo.

> "Há dezenove anos e seis meses, deixei o curso de Farmácia Bioquímica no último ano e entrei na PIA União das Irmãs da Copiosa Redenção. Desde o meu primeiro mês de Congregação recebi do meu fundador, Pe. Wilton Moraes Lopes, o envio para pregar retiros e evangelizar em novas terras. E isso confirmou a escuta que tive de Deus através de um retiro de silêncio no qual o mesmo Padre Wilton falava de sua vocação e da missão dos redentoristas: 'Quisera ser como uma abelha que pousa na flor de cada livro, até tirar dele todo proveito. Quero que a leitura me abra sempre

à oração e quero dizer-te sempre: 'Fala, Senhor, que teu servo escuta' (Santo Afonso) e 'Quem ama a Deus encontrará alegria em tudo, quem não ama a Deus não encontrará alegria em nada' (Santo Afonso). Nesta partilha de sua missão de levar a palavra até os confins do mundo, confirmou dentro do meu coração aquilo que muitos sacerdotes disseram no percurso da minha faculdade: que eu seria uma grande missionária e que Deus usaria do meu testemunho para converter uma grande nação e, um dia, eu iria atravessar o oceano para anunciar a Palavra para um povo desconhecido e faria a experiência profunda da Divina Providência, e em muitas missões eu iria viver inteiramente da fé na dependência total de Deus. E hoje, após alguns anos, percebo que esta Palavra se cumpriu. Já preguei em vários países e via internet esta evangelização. Também, tenho evangelizado por meio de TVs católicas, dentre elas a 'TV Evangelizar' onde tenho um programa chamado 'Caminhando com Jesus nos passos da Virgem Maria' e por fazer tudo por amor encontro o meu sustento e descanso na própria missão. Quando não estou viajando estou em minha comunidade e amo estar aos pés do Mestre e, na adoração, sou formada e santificada, e assim sou Feliz do Jeito Certo."

Enfim, a felicidade nasce da experiência verdadeira com Jesus Cristo, que veio até nós, assumiu nossa condição, sofreu, morreu na cruz e nos redimiu. Caro(a) amigo(a), ao configurar-se com Jesus Cristo, Ele mesmo lhe dá forças, e ainda mais: há no caminho cireneus que lhe ajudam a suportar as dificuldades. Não podemos encerrar nossa conversa de agora sem nos lembrarmos daquela que sofre profundamente ao ver seu Filho na cruz, e, mesmo assim,

Maria permanece de pé. Que Ela o ensine a ter a mesma atitude diante das cruzes do dia a dia, confiando sempre no amor e força do próprio Deus.

> Maria, Mãe das dores, ajuda-me a suportar minhas cruzes com paz e amor.

Repita comigo:

> Maria, Mãe das dores, ajuda-me a suportar minhas cruzes com paz e amor.

Reze comigo

Senhor Jesus, Tu que tiveste a firme decisão de cumprir até o fim tua missão, abraçando a cruz e os sofrimentos por amor a mim e a toda humanidade.

Fique comigo em todos os momentos e ajuda-me a perceber nas minhas cruzes a possibilidade de configurar-me contigo.

Dá-me a graça de conseguir renunciar a mim mesmo, sendo fiel aos teus planos. Quando minha cruz parecer pesada demais, sustenta-me para que eu não desanime e que encontre cireneus pelo caminho. Renovo minha vontade de segui-lo, abraçando com paciência e esperança em ti.

Não deixes desviar meu olhar da tua cruz e do teu profundo amor.

E vós, Mãe das dores, Rainha das vocações, interceda por mim, vosso filho. Amém.

CAPÍTULO IX

Deus sonha algo muito especial para você!

Cada um é convidado a conhecer o que Deus sonhou para nós. Esta é uma grande verdade! Ele, que nos concedeu, não por nossos méritos, o dom da vida e tudo o que somos e temos, nos faz uma promessa, assim como fez aos nossos antepassados rumo à terra prometida. Também para nós está reservado o encontro com o que, de fato, nascemos para ser. Precisamos querer trilhar este caminho e não ter medo se em muitos momentos, o trajeto parecer difícil ou até mesmo humanamente impossível, pois é Ele que nos conduz, não sem nossos esforços, à nossa felicidade. Venha comigo, e vamos rumo à nossa terra prometida, onde seremos realmente Felizes do Jeito Certo!

Na Palavra

Toda a Palavra de Deus se revela sempre como um carinho dele pelo seu povo. Gosto de pensar a Palavra de Deus deste modo, pois na verdade são manifestações do amor deste Deus que se revela incondicional e eterno. Muitos são os momentos onde encontramos uma proposta, ou melhor, uma promessa para seu povo. Agora eu o convido para que juntos leiamos e meditemos a conhecida promessa de Deus para seu povo que, necessitando de orientação e libertação, caminhava sem esperança. Mas Deus mesmo suscita e inspira as pessoas.

> *Após a morte de Moisés, servo do SENHOR, o SENHOR disse a Josué filho de Nun, ministro de Moisés. "Moisés, meu servo, morreu. Agora prepara-te para atravessar o Rio Jordão, tu e todo este povo, rumo à terra que eu dou aos israelitas. Eu vos dei * todo lugar em que pisar a sola de vossos pés, conforme prometi a Moisés: O vosso território irá desde o deserto e o Líbano até o grande rio, o rio Eufrates, toda a terra dos hititas, e até o mar Mediterrâneo, no sol poente. Ninguém te poderá resistir enquanto viveres; como estive com Moisés assim estarei contigo; nunca te deixarei nem te abandonarei. Sê forte e corajoso, pois tu farás este povo herdar a terra que prometi dar a seus pais. Apenas sê forte e muito corajoso para cuidares de agir conforme toda a Lei que Moisés, meu servo, te ordenou; não te desvies nem para a direita nem para a esquerda, a fim de que tenhas êxito por onde quer que andes"* (Js 1,1-7).

Da mesma forma que Deus caminhava com aquele povo, hoje também Ele caminha com você. E mesmo que em alguns momentos, na incerteza do objetivo ou do próprio trajeto, pensar em desistir, ou pior, se acostumar com a mediocridade do caminho rumo a um lugar, Ele está com você. E ainda mais, o convida para algo grandioso, somente para você. Então releia esta passagem, rezando a Deus para que você reconheça sua terra prometida e que Ele mesmo lhe dê coragem. Reze novamente.

Questione-se

- Você tem conseguido perceber o caminho por onde Deus quer lhe guiar?
- E ainda mais, qual é a sua terra prometida?
- Tem visto os sinais de Deus que o guia?
- Ou muitas vezes, pelo medo do novo de Deus, tem optado por permanecer no mesmo lugar?

Em direção ao nosso lugar

Lembre-se de que Deus está com você sempre, independentemente de onde esteja ou de como nos encontremos. O medo muitas vezes é o nosso companheiro de viagem, contudo, preciso acreditar que há um Deus que me guia e orienta sempre, e assim vai construindo comigo a minha história de salvação, que me leva sempre à felicidade e a assumir o que de fato nasci para ser. Lembre-se sempre disto: todas as vezes em que acreditar demais em você mesmo e em seus planos virá o medo e a incerteza.

Na Palavra de Deus encontramos o desconforto e até mesmo a desconfiança do povo em direção à terra prometida, porque tinha esquecido da promessa de Deus. Mesmo assim, Deus o guia, suscitando homens para lhes redobrar a fé, não em seus planos humanos, seus cálculos estéreis, mas no Deus que não abandona. E você, por que tem duvidado tanto do nosso Deus que o ama tanto? Por que, em tantas vezes e de vários modos, tem confiado mais em você mesmo do que nele?

Quando falamos em caminhar em direção à nossa terra prometida, precisamos assumir algumas atitudes de filhos. Primeiramente nos colocar na dependência total de Deus e depois pedir auxílio de sua graça providente. Lembro aqui uma frase de Santa Teresinha do Menino Jesus, que muito me ajuda na minha caminhada: "O abandono em Deus é o caminho".

E ainda, lembre-se de que a ajuda e o cuidado de Deus, se revela de diversas maneiras, e por isso precisamos pedir olhos e ouvidos espirituais para que possamos vê-lo e ouvi-lo, e também reconhecer seu cuidado naquelas pessoas que Ele me concede, como meus amigos, acompanhadores, diretores espirituais, sacerdotes e consagrados, que muito nos ajudam no caminho, nos suportando e sendo luzes e sinais.

Mas claro, antes de tudo você precisa conversar intimamente com aquele que lhe fez a promessa e o convite. Ou seja, manter-se unido a Deus, através de uma vida de oração, de diálogo com Ele, uma vivência sacramental e escuta de sua Palavra. Por isso, sempre precisamos pedir:

> Senhor, dá-me a graça de perceber teu cuidado em minha vida, e que continue caminhando rumo à terra prometida que me indicaste.

Repita comigo:

> Senhor, dá-me a graça de perceber teu cuidado em minha vida, e que continue caminhando rumo à terra prometida que me indicaste.

Passos concretos da felicidade

Como disse, Deus constrói uma história pessoal de salvação com cada pessoa, de uma maneira amorosa e extraordinária. Faz-nos bem conhecer a história do amor de Deus na vida de nossos irmãos. Vamos conhecer agora um pouco mais sobre a história da consagrada Elza Borges de Carvalho, da Canção Nova.

> *"O bonito não é realizar o nosso próprio sonho, mas realizar o sonho de Deus"* (Monsenhor Jonas Abib).
>
> "Deus tem um plano de amor para cada um de nós. Basta que nele confiemos e nele coloquemos nossos planos, projetos e sonhos. Porque antes de você sonhar Ele sonha para você algo especial.
>
> Deus sonhou algo para mim desde o meu nascimento. No processo natural da vida fui crescendo em um grande anseio de ser feliz e realizar os meus sonhos, e percorrendo os caminhos da minha vida pude me encontrar com esse sonho e projeto dele para mim.
>
> Ao descobrir a minha vocação na busca de ser de Deus me encontrei com a comunidade Canção Nova, e ali pude perceber que Deus sonhou para mim a vocação de ser missionária. Hoje vivo como leiga consagrada

no carisma Canção Nova. Foi um desafio deixar pai, mãe e irmãos. A escolha foi difícil, porém percebo que a maior dádiva é saber que correspondi ao sonho do Criador.

Só é feliz quem realiza a sua vocação... Completo a frase: só é feliz quem realiza o sonho de Deus. Trago ainda muitos sonhos em meu coração, porém tenho a certeza de que se eu deixar Deus sonhar comigo estes sonhos se concretizarão, pois Ele sonha sempre algo especial para nós. Não deixe de sonhar e deixe Deus fazer parte deste sonho."

Como é bom encontrar pessoas que, trilhando o caminho do Senhor, encontram nisso a verdadeira felicidade, ajudando muitos a perceberem qual é o caminho certo por onde caminhar e quais passos dar. Eu o convido a pensar um pouco em sua história, ou até mesmo escrevê-la, tentando ressaltar os momentos, alegres ou tristes, em que você percebe o cuidado de Deus, que o conduziu sempre em direção à sua verdadeira felicidade. Faça este exercício espiritual, rezando sua história pessoal e, se possível, conte com a ajuda de alguém para lhe orientar e assim perceber como Deus o tem guiado amorosamente.

Reze comigo

Obrigado, Senhor, pois me conduziste rumo à terra onde Tu mesmo indicaste, mas te peço, Senhor, encoraja-me diante dos medos e dificuldades que surgirem, e que eu sempre consiga exercitar o abandono verdadeiro em ti, pois só assim perceberei seu providente cuidado em meu caminhar.

Suscita em meu coração de filho, a confiança plena em ti, e que sempre desconfie de meus planos e vontades.

Enfim, Senhor, que no meu dia a dia, tua vontade se realize em mim, pois tenho certeza de que somente assim serei feliz do jeito que Tu queres, mesmo em momentos alegres ou tristes, mas que tenha a certeza de estar no caminho certo rumo aos teus sonhos para minha vida. E que Maria, Mãe e Rainha das vocações, interceda por mim, hoje e sempre. Amém.

CAPÍTULO X

Ouse grandes coisas em Deus

É muito comum, infelizmente, encontrar pessoas que não acreditam mais em si mesmas, que por algum motivo se tornaram incapazes de perceberem a grandeza de si mesmas, e, além do mais, do que Deus sonhou para elas. Estão, em muitos casos, acostumadas com o "assim está bom", "não dará certo mesmo", ou ainda "depois penso nisto". E tais pessoas vivem na mediocridade das escolhas, sempre optando pelo mais fácil ou simples, nunca sendo capazes de olhar para dentro de si com sinceridade de coração, reconhecendo o caminho e a proposta que Aquele que as criou lhe faz. Venha comigo agora e vamos juntos ousar grandes coisas, não por nós mesmos, mas em Deus, e entender que só assim seremos Felizes do Jeito Certo!

Na Palavra

Toda a vida de Jesus, suas palavras e ações, foram provocativas, ou seja, questionou formas de vida, maneiras de pensar e sempre levava a pessoa que o encontrava a olhar para dentro de si mesmo e questionar-se sobre o sentido da vida, fazendo com que percebesse o plano amoroso do Pai em sua vida. Agora convido você a conhecermos um jovem que ansiava pelo encontro com Jesus, mas não foi capaz de ser sincero consigo mesmo.

> *Nisso, alguém se aproximou e lhe perguntou: "Mestre, que devo fazer de bom para ter a vida eterna?"*
>
> *Ele lhe respondeu: "Por que me perguntas pelo bom? Um só é o bom. Se quiseres entrar na vida, observa os mandamentos". Ele perguntou: "Quais?" Jesus respondeu: "Não matarás, não cometerás adultério, não furtarás, não darás testemunho falso, honra pai e mãe e ama teu próximo como a ti mesmo". O jovem lhe disse: "Tudo isso eu tenho observado. O que ainda me falta?" Jesus respondeu: "Se queres ser perfeito, vai, vende tudo que tens, dá o dinheiro aos pobres, e terás um tesouro nos céus; depois vem e segue-me". Ao ouvir isso, o jovem foi embora triste, porque possuía muitos bens* (Mt 19,16-22).

Percebemos o desejo de eternidade e felicidade que este jovem traz consigo. É exatamente isto que o leva a este encontro e ainda mais, questionar qual o caminho correto, o que devia fazer. O olhar de Jesus percebe o coração do jovem, e lança o convite e a ousada proposta. Contudo, como resposta encontramos a tristeza e o abatimento de alguém que mesmo sabendo que foi criado para algo maior, não é capaz de tomar uma decisão. E saindo aquele jovem com o coração apertado e confuso, não consegue vislumbrar o saciar daquela sede que o inspirara. Convido você a ler e rezar novamente este texto, se colocando no lugar daquele jovem: qual seria sua resposta ao Senhor? Reze novamente.

Questione-se

- Em sua caminhada de fé, qual tem sido sua resposta às propostas de Deus em sua vida?
- Tem conseguido ao menos se questionar sobre os sonhos de Deus para você?
- E como tem lidado com as propostas que tantas vezes parece ser maior do que suas possibilidades?

Os sonhos de Deus para mim

Quando Deus lhe fez, por amor e misericórdia, colocou dentro de você este sincero desejo de felicidade (algo que precisa ser sempre repetido e relembrado), e deste exato fato podemos partir para explicar também o desejo daquele jovem que encontramos no Evangelho. Contudo, ele foi incapaz de deixar-se conduzir pelos grandes e ousados sonhos de Deus.

Somos convidados a sair da mediocridade de respostas superficiais, de ações incompletas e de decisões inconstantes, se é que podemos falar que são "decisões". Sair do "mais ou menos" e do "só até aqui está bom", por um motivo muito simples: estas respostas superficiais nunca nos preencherão, pois nascemos para ser inteiros e profundos, e não ficarmos no raso de nossa vida e não nos lançarmos confiantes em Deus, nas nossas escolhas.

Ousar sonhar os sonhos de Deus é, antes de tudo, acreditar que você não está sozinho, pois Ele sonha com você, está com você. E por maior que seja seu chamado e missão, a sua realização não consiste em apenas suas próprias forças e inteligência, mas sim uma total dependência de Deus.

Ousar sonhar os sonhos de Deus é isso, caro amigo: ter a certeza de que nós não conseguimos sozinhos, mas Ele é conosco. O abandono em Deus consiste em assumir os sonhos dele em minha vida e trilhar, mesmo com minhas limitações e dificuldades, aquilo que Ele quis e quer para mim.

Papa Francisco lhe faz um pedido e lhe encoraja: "A vocês, que estão no início do caminho da vida, peço: vocês pensaram nos talentos que Deus lhes deu? Pensaram em como podem colocá-los ao serviço dos outros? Não enterrem os talentos! Apostem em ideais grandes que alargam o coração, ideais de serviço que tornam fecundos os seus talentos. A vida não nos foi dada para que a conservemos para nós mesmos, mas nos foi dada para que a doemos. Caros jovens, tenham uma grande coragem! Não tenham medo de sonhar coisas grandes!" (Papa Francisco, 24/04/13)

Coloquemo-nos à disposição de Deus para ouvi-lo e compreendê-lo, mas, somente isso não basta. É preciso ter a coragem de sair de nós mesmos e abraçar os seus planos de amor, mesmo que isso nos desinstale de nossos gostos e caprichos. E ao perceber que sozinhos não conseguimos dar uma resposta ao chamado, precisamos nos abandonar e pedir que o próprio Senhor venha em auxílio de nossa fraqueza, e que consigamos trilhar nosso caminho sob sua luz, assumindo o ousado e realizador sonho de Deus, querendo o que Deus quer para nós.

Por favor, caro(a) amigo(a), não enterre seus talentos, suas possibilidades, seus dons. Há tantas coisas que recebeu de Deus!

Coloque-se ao dispor dele, de sua vontade, sendo reflexos de Deus para tantos que precisam. Não saia triste e abatido, como aquele jovem do Evangelho, mas que no seu caminhar haja a felicidade de quem tem a certeza de que está trilhando o ousado sonho de Deus. Coragem! E que você consiga dizer sempre:

> Senhor, eu quero sonhar os seus ousados sonhos em minha vida.

Repita comigo:

> Senhor, eu quero sonhar os seus ousados sonhos em minha vida.

Passos concretos da felicidade

Sempre nos encoraja e anima ver o que Deus tem realizado na vida de nossos irmãos. É belo perceber o que Ele realiza na vida daquele que ousa sonhar os sonhos dele. Eu o convido a conhecer o testemunho de um jovem, que tem buscado abraçar na sua vida o ousado sonho de Deus. Ele é Rafael Moura da Arquidiocese de Goiânia/GO.

"Tenho 25 anos, sou advogado e estou na coordenação do Ministério Jovem do Estado de Goiás, da Renovação

Carismática Católica e é com muita alegria que venho partilhar com você um pouco do meu testemunho vocacional. Tudo começou quando fui profundamente inquietado pelo Espírito Santo e a partir daquele momento eu assumi esta inquietação e pedi que o próprio Senhor falasse comigo, me dando mais clareza do meu chamado e vocação. Decidi viver durante um ano, um processo de aprofundamento vocacional, tentando escutar a voz de Deus e discernir suas ações em minha vida, buscando momentos de oração e de intimidade, principalmente nas Santas Missas diárias. Deus, em sua bondade, colocou pessoas, situações e momentos em que pude perceber sua vontade em minha vida, de tal forma que o querer de Deus ficava cada vez mais claro junto com seus planos e caminhos, tanto em nível de estado de vida como de vocação específica, que discerni ser a vida matrimonial e no campo profissional. Sou casado e muito feliz servindo a Deus com minha esposa e também na minha profissão. Tenho a graça também de ser pai, assumindo esta sublime vocação. Enfim, aconselho que busquem sempre compreender a voz de Deus e seu plano de amor em sua vida para sermos melhores nele. Que Deus sempre nos guie. Amém."

Querer o que Deus quer, ter coragem e não nos acomodar. Não cruze os braços e se acomode, mas lute para concretizar os sonhos de amor de um Deus que o quer ver imensamente feliz, desde já, para nos prepararmos para a felicidade sem fim.

Reze comigo

Senhor Jesus, te louvo e te agradeço pelo dom da minha vida.

Louvo-te porque no meu coração colocaste o desejo de infinito, e a capacidade de sonhar coisas grandes; mas, eu te peço, Senhor, dá-me a coragem para que eu vença o medo e a dúvida, e consiga depender somente de ti, pois só assim conseguirei realizar teus planos.

Dá-me olhos e ouvidos espirituais para te ouvir e ver em minha vida através dos sinais e pessoas.

Quero, Senhor, avançar para águas mais profundas e ousar sonhar teus sonhos.

E que Maria, Mãe e Rainha das vocações, seja nossa intercessora e, a partir de seu exemplo, eu consiga dizer: Sim, eis-me aqui. Amém.

CAPÍTULO XI

A gratidão gera a gratuidade

Na vida nós aprendemos que diante de tantas e diversas situações podemos reconhecer que tudo deu errado, pois não saiu de acordo com minha vontade ou, ao contrário, posso perceber que tudo ocorre na perfeita vontade de Deus. E não só os fatos de agora, que dia a dia nos sucedem, mas também toda nossa vida e missão tem origem em um coração misericordioso que tudo ama e pensa nos detalhes para nossa felicidade. Por isso, caro(a) amigo(a), é que o convido agora a reconhecer em sua história a mão amorosa de Deus e seu cuidado paternal e, claro, a partir disso, não conseguimos realizar outra coisa senão agradecermos. Venha comigo em mais um passo, na instigante arte de se reconhecer portador de um destino muito bonito, que é a Felicidade do Jeito Certo.

Na Palavra

Diante da Palavra de Deus sempre precisamos nos reconhecer indignos de tanta graça, e, em consequência disso, precisa brotar em nosso coração a gratidão pela Palavra que nos salva e nos orienta. Muitos são os personagens bíblicos que louvaram a Deus e agradeceram por tudo que foi feito em suas vidas. A própria mãe de Deus reconheceu a verdade divina em sua vida. Reze com Maria esta oração de agradecimento pela bondade de Deus:

> *Então Maria disse:"Minha alma engrandece o Senhor e rejubila meu espírito em Deus, meu Salvador, porque olhou para a humildade de sua serva. Eis que de agora em diante me chamarão feliz todas as gerações, porque o Poderoso fez por mim grandes coisas: O seu nome é santo. Sua misericórdia passa de geração em geração para os que o temem. Mostrou o poder de seu braço e dispersou os que se orgulham de seus planos. Derrubou os poderosos de seus tronos e exaltou os humildes. Encheu de bens os famintos e os ricos despediu de mãos vazias. Acolheu Israel, seu servo, lembrando-se de sua misericórdia, conforme o que prometera a nossos pais, em favor de Abraão e de sua descendência, para sempre"* (Lc 1,46-55).

Contudo, o próprio Evangelho nos traz a importância e a beleza de agradecer a Deus pela sua ação, e ressalta a má ação daqueles que não reconhecem isso. Acompanhe comigo.

> *Quando ia entrar num povoado, vieram-lhe ao encontro dez leprosos. Pararam ao longe e gritaram: "Jesus, Mestre, tem piedade de nós". Ao vê-los, Jesus lhes disse: "Ide apresentar-vos aos sacerdotes". E aconteceu que, no caminho, ficaram limpos. Um deles, vendo-se curado, voltou glorificando a Deus*

em voz alta. Caiu aos pés de Jesus e, com o rosto em terra, agradeceu-lhe. E este era um samaritano. Tomando a palavra, Jesus disse: "Não eram dez os que ficaram limpos? Onde estão os outros nove? Não houve quem voltasse para dar glória a Deus senão este estrangeiro?" (Lc 17,12-18).

Vimos que nem todos os que receberam a graça são capazes de agradecer. Infelizmente, algumas vezes, também nós não reconhecemos como Maria reconheceu que tudo vem de Deus, toda a graça provém do autor da graça, e não de nós, meros alvos da misericórdia dele. Quantas vezes nos portamos como pessoas ingratas e corremos o risco de pensar que tudo vem de nós mesmos e, como consequência disso, nos limitamos a olhar para nós mesmos, como se nos bastássemos? Como tem sido seu olhar diante dos acontecimentos de sua vida?

Questione-se

- Caro(a) amigo(a), tem conseguido reconhecer as graças de Deus em sua vida?
- Tem sido capaz de perceber no ordinário da vida os dons que continuamente tem recebido?

Seja grato a Deus

O reconhecimento dos dons de Deus em nossa vida, nos faz dar mais valor aos pequenos detalhes que recebemos. Torna-nos capazes de amar muito mais, pois um coração grato se torna mais apto em perceber que nada vem de mim mesmo, mas tudo vem dele.

A gratidão é algo essencial em nossa vida de cristãos, pois nos coloca em nossa real situação, ou seja, amorosamente dependentes de Deus. Lembre-se disso: amorosamente dependentes de Deus.

Lembre-se de que você será incapaz de dar-se gratuitamente se não reconhecer que tudo vem de Deus. A gratidão em seu coração gera a gratuidade no seu agir. E essa experiência irá determinar todo seu caminho. E quanto maior for a sua capacidade de reconhecer os inúmeros benefícios divinos em sua vida, não somente em grandes situações, mas principalmente no ordinário da vida, você será capaz de na generosidade se doar, se ofertar.

Fazer-se dom é algo natural em nossa vida, mas isso só será possível realmente se nos percebermos como também receptores do bem doado. Eu oferto porque antes me foi ofertado. Não como pagamento frio e calculista, mas por não saber e não ter condições de retribuir, oferto-me como dom máximo, colocando-me ao inteiro dispor afirmando como Maria: “O Poderoso fez em mim maravilhas...” E por causa disso quero proclamar com palavras e atos estas maravilhas.

Todo cristão é chamado a testemunhar as maravilhas que Deus realizou. Quanto mais grato for a Deus, mais cristão autêntico e testemunha serei.

Tem conseguido testemunhar os dons recebidos, ou tem se fechado em um olhar egoísta que se esforça para ver aquilo que você gostaria, ou aquilo que queria?

> Um coração que não é grato nunca será capaz de se doar.

Repita isso comigo:

> Um coração que não é grato nunca será capaz de se doar.

Perceba que em nossa própria oração cristã, em nossa liturgia, a ação de graças ocupa um lugar central, pois é na verdade um autêntico render graças a Deus. Quero partilhar aqui uma frase de um grande teólogo, Bruno Forte, que diz: "um dos maiores dramas de um ateu é de não ter a quem agradecer", porque como não reconhece que tudo que ele tem vem de Deus, acaba como consequência caindo em um vazio por não reconhecer que há alguém que me concede tudo, e que por ser infinitamente maior e melhor do que eu, sabe o que de fato me realiza.

Portanto, louvemos a Deus, e dando-lhe graças, continuemos nossa vida. Nossa experiência cristã e vocacional se enriquece a partir dos contínuos agradecimentos a Deus. E nossa oferta de vida será autêntica se reconhecermos que dele provém tudo. E seja em qual vocação específica for, a arte de doar-se qualifica qualquer estado de vida, seja o sacerdócio, vida consagrada, religiosa ou leiga.

Passos concretos da felicidade

Louvo a Deus por cada vida doada a Ele, cada sim testemunhado onde suas maravilhas são transmitidas, e as graças que Ele realiza são anunciadas. Eu o convido para junto comigo conhecer um pouco do testemunho de um grande homem de Deus, que faz de sua vida uma doação generosa, Frei Gilson, Carmelita Mensageiro do Espírito Santo.

"Meu nome é Frei Gilson, Carmelita Mensageiro do Espírito Santo. Logo no início digo que vocação é um chamado de Deus. É, na verdade, uma graça para todo aquele que recebe e reconhece esse chamado. Quando tinha 18 anos, por pura graça, senti esse chamado, e digo que foi graça, pois não fiz nada para merecer, e daí concluo que vocação é de fato uma graça de Deus, um dom recebido. Quando tinha 17 anos já estava bem engajado no trabalho em minha paróquia de origem, coordenava o grupo de oração, pregava e cantava. Contudo, parecia que nada me satisfazia, meu coração estava inquieto, e então percebi que precisava de algo a mais. E foi neste ínterim que senti o chamado ao sacerdócio. Recordo-me que, um dia, partilhando com uma tia, disse a ela: "Eu não sei por que Deus não me chama para ser padre, porque se Ele me chamasse eu iria". O tempo passou e aquele desejo foi crescendo dentro do meu coração. No ano seguinte, pela graça de Deus, já estava no convento. Desde que senti o chamado, me decidi muito rápido. Sabia o que eu queria! Acabei com o meu namoro, e tendo a certeza de que Deus me chamava ao sacerdócio. Já se passaram 10 anos, e hoje digo que sou muito realizado como frade carmelita. Dou graças a Deus por ter me encontrado nessa comunidade e nessa espiritualidade que me enriquece. Tenho uma grande alegria em ser sacerdote, em servir ao altar de Deus, em atender as confissões dos fiéis. Enfim, vocação é uma graça, um presente de Deus! Sempre serei eternamente grato a

Ele. Na verdade, não foi Ele quem ganhou comigo, mas eu ganhei com Ele. Louvo a Deus por poder ajudar as pessoas com o meu ministério sacerdotal, e hoje também com o meu ministério de música e pregação. Como é gratificante saber que a nossa vida doada pode trazer vida a outra pessoa... Ser de Deus é bom demais! A nossa vocação é um chamado a ser todo de Deus que nos dá tudo. Amém."

Uma vida doada, feita dom, sempre nos ilumina e nos questiona a também nós sermos dons e na generosidade nos ofertar. Como nos disse nosso Papa emérito Bento XVI (2005): "Deus não nos tira nada, mas ao contrário nos dá tudo". Por isso, caro(a) amigo(a), faça a experiência, e que na gratidão pela sua vida seja capaz de doar-se na gratuidade.

Reze comigo

Muito obrigado, Senhor, pela minha vida e por tudo o que tenho e sou. Tu que tens me mantido em cada situação e em cada passo, rendo-te graças e louvores por teres misericordiosamente me doado.

Meu Senhor, peço tua graça para que sempre me lembres do dom recebido gratuitamente, da bondade experimentada em minha vida e, a partir disso, quero fazer-me dom.

Que meu coração seja grato, e que assim consiga doar-me na gratuidade.

Que eu reconheça como tua Mãe, que o Poderoso fez em mim maravilhas, e que minha vida seja um contínuo testemunhar dessas maravilhas, anunciando o amor doado, fazendo-me dom. Que em cada dia, e para cada pessoa que de mim se aproximar consiga testemunhar teu amor. Muito obrigado, Senhor, hoje e sempre sejas louvado. Amém.

Para você um recado especial

Caro(a) filho(a), de modo especial, gostaria de propor a você, agora, uma reflexão do tema que muito nos fala: é o grande mistério de nos percebermos chamados por Deus, em nossa própria história.

Este tema nos faz o convite em repensar nossa história pessoal *como morada de Deus* – Um lugar onde Deus se manifesta. Este tema toca duas realidades muito importantes no discernimento: o autoconhecimento e o reconhecimento da ação divina em cada um dos acontecimentos de nossa vida.

De início, uma tendência negativa que queremos combater é a presunção de querer pensar que já sabemos tudo, e que já conhecemos muito da própria história e vocação, talvez, até uma presunção de que já conhecemos tudo sobre Deus. Por outro lado, a mentalidade que queremos promover é baseada na humildade, que não é nada mais do que a capacidade de reconhecer a verdade sobre si mesmo, com suas belezas e suas mazelas, colocando-se no caminho da realização pessoal que, para nós cristãos, está em fazer a vontade de Deus Criador.

Caro(a) amigo(a), incentivo-lhe a uma abertura sincera e confiante para que, juntos, possamos construir um itinerário rumo a uma escolha livre e consciente, passo a passo, seguindo o Mestre.

Seja qual for o caminho escolhido, a base da escolha de uma futura vocação é a humanidade. É você, com suas belezas e feiuras, conquistas e derrotas, potencialidades e defeitos, material, o barro que na mão do Divino Oleiro se tornará instrumento de santificação, para si e para os outros.

A história que você está construindo não é individual: é preciso renunciar à pretensão de ser dono da própria história. Quem iniciou essa história foi Deus ao nos criar e nos dar capacidade e liberdade para desenvolvê-la e assumi-la. Nossa história, portanto, é sempre relação com Deus, mesmo que seja para negá-lo e nos afastar dele. Ele será sempre nosso referencial. Nossa vida está tão vinculada a Deus que, para encontrá-lo, não precisamos buscá-lo exaustivamente em convicções teóricas, mas simplesmente nos debruçarmos sobre a nossa história, pois ela é lugar da manifestação de Deus.

Um sentimento que brota da experiência da presença profunda de Deus em nossas vidas é a gratidão, que reconhece as graças que Deus já realizou em nossa vida e história.

Nesse contexto convido você a perceber a importância da memória para o processo de busca de santidade. Porém, não podemos nos contentar com uma memória que meramente se resuma a recordar, a juntar fatos. Principalmente no âmbito do discernimento vocacional, é necessário conceber uma memória vinculada à fé. É preciso descobrir que o fundamento da fé é a memória daquilo que Deus fez, e a memória iluminada pela fé é capaz de dar sentido às experiências vividas (sejam elas quais forem: felizes ou sofridas).

Hoje, há uma tendência em negar um processo de autoconhecimento, não se quer fazer memória. Quase sempre deixa-se levar pela lei do menor esforço, pela busca do imediato, do provisório. Muitos não querem se comprometer, arriscar a vida, preferem aguentar a vida, levá-la como puder. Acham mais simples autolamentar-se do que, eventualmente, autorresponsabilizar-se. É preciso se projetar para o futuro, lançar-se nas mãos de Deus sem medo de doar a vida, assumindo toda sua realidade humana.

Uma vez preso à ideia de não se lançar e lutar para realizar-se, o homem vai aos poucos perdendo o sentido e o brilho da própria vida. Isso porque há no homem uma aspiração sincera de busca pela realização e felicidade, e quando se nega tal anseio, a tristeza se torna companheira de viagem e o acostumar-se com qualquer situação, como se fosse felicidade verdadeira, se torna realidade.

Para fazer uma autêntica escolha de vida é indispensável possuir a própria existência e ser o sujeito dela. Em termos evangélicos, só quem possui a si mesmo está em condições de se dar. O desafio é o de investir no autoconhecimento e aceitação das próprias fragilidades, aqui possuir-se pode ser entendido por conhecer-se. Outro desafio é o de autodomínio, que também é possuir a si mesmo; ser senhor de si é fruto de uma austera disciplina, sem cair na tentação de ser deus de si mesmo.

Faço-lhe também um convite para interpretar a própria vida à luz da fé. Decorrente desse convite aconselho que diante de fatos incompreensíveis e difíceis em sua história, que sua pergunta não seja: por que isso aconteceu? Mas, que atitude devo assumir para que o que aconteceu tenha um sentido? (Isso vale tanto para o passado como para o presente e futuro.)

Foi justamente o que fez Jesus diante da morte, do que parecia ser insensatez e absurdo, fez a maior de todas as sabedorias, um evento de salvação universal. A fé é exatamente o que permite dar sentido à própria existência com toda a sua carga de contradições e assimetrias. A fé é o modo mais pleno e luminoso de atribuir significado ao próprio passado, dar sentido a tudo que aconteceu em nossa história.

O Deus criador, o mesmo Deus que nos deu a existência, também se manifestará como Deus Redentor, fazendo de cada um de nós o lugar da realização de um projeto que foi pensado por Ele, mas que deve passar, inevitavelmente, pela escolha livre e responsável de cada um de nós.

Precisamos tomar contato com nossas profundezas, aquilo que sou na verdade, aceitar-me com um olhar misericordioso e amoroso, e não apenas conformar-me com essa realidade, como se tudo já estivesse resolvido, pois somente eu me aceitando serei capaz de me reposicionar diante de minha vida, escolha e caminho a seguir.

Enfim, lhe proponho como exercício espiritual, que a partir da (re)leitura desta carta, reze sua história pessoal, aquilo que você destaca que foi bom, o que não foi tão bom, o que foi bonito, ou nem tanto. Convido você ainda a partilhar com seu diretor espiritual, acompanhador pessoal para lhe ajudar nesta caminhada de busca pela verdadeira felicidade.

Deus o abençoe! Meus sinceros abraços e agradecimentos por estar caminhando comigo.

Continuemos passo a passo, em direção à felicidade, do jeito certo.

Coragem!

Pe. Elias Silva

Sugestões de leitura

CENCINI, A. *A Hora de Deus:* a crise na vida cristã. São Paulo: Paulus, 2011.

______. *Reencontrar o mistério:* Itinerário formativo para a decisão vocacional. Porto: Paulinas, 2009.

______. *Luz no caminho:* Palavra de Deus e caminho vocacional. Porto: Paulinas, 2009.

______. *Quando Deus chama:* a consagração – aposta e desafio para os jovens de hoje. Porto: Paulinas, 2009.

______. *A cruz, verdade da vida:* Busca vocacional e experiência da cruz. Porto: Paulinas, 2009.

DERETTI, E.A. *Ide, fazei discípulos meus!* Encontros vocacionais. São Paulo: Paulinas, 2010.

DOMINGUES, L.M.G. *Discernir o chamado:* A avaliação vocacional. São Paulo: Paulus, 2010.

FRANKL, V.E. *Em busca de sentido.* 35. ed. Petrópolis/São Leopoldo: Vozes/Sinodal, 2014.

GEORGES, B. *Fazer boas escolas no momento certo:* Discernir, escolher, decidir no Espírito Santo. São Paulo: Paulinas, 2015.

KOWALSKA, M.F. [Sta. Ir. Maria Faustina]. *Diário:* A Misericórdia Divina em minha alma. 38. ed., Curitiba: Apostolado da Divina Misericórdia, 2016.

LA CIGOÑA, J. R.F. *Acompanhamento vocacional:* Um caminho. 4. ed. São Paulo: Loyola. 2002.

OLIVEIRA, J.L.M. *Teologia da vocação.* São Paulo: IPV, 1999.

RUPNIK, M.I. *O discernimento.* São Paulo: Paulinas, 2012.

SILVA, E. *Vem e segue-me:* Encontros vocacionais catequéticos para turmas de Crisma. São Paulo: IPV, 2017.

______. *Vem e segue-me:* Encontros vocacionais catequéticos para turmas de Eucaristia. São Paulo: IPV, 2017.

SILVA, E. et al. *Escolhendo Jesus:* Jovens Cristãos para uma nova sociedade. Petrópolis: Vozes, 2018.